LE GUIDE COMPLET DES PENTACLES & PRIÈRES

Direction : Catherine Saunier-Talec
Responsable éditoriale : Lisa Grall
Éditrice : Sophie Bartczak
Correction-adaptation : Margo Vitrac avec la participation de Chloé Blanche
Principe de couverture et de maquette : Nicolas Gallois
Mise en pages : Les PAOistes
Illustrations : Nicolas Galkowski et Marc Neu
Iconographie : Anne-Laure Fior
Fabrication : Anne-Laure Soyez
Responsable communication : Johanna Rodrigue
Responsable partenariat : Dana Lichiardopol - dlichiardopol@hachette-livre.fr

Dépôt légal : février 2021
ISBN : 978-2-01-945790-7
88-1243-9/02
Imprimé en Italie par Rotolito

58, rue Jean Bleuzen – 92178 Vanves Cedex

SOMMAIRE

PARTIE 1 - LE PENTACLE OUVERTURE SUR L'AUTRE MONDE

PARTIE 2 - CONSACRER ET ACTIVER LES PENTACLES : MODE D'EMPLOI

PARTIE 3 - LES 46 PENTACLES DE L'ABBÉ JULIO

AVANT-PROPOS

Les librairies sont inondées d'ouvrages proposant des mandalas, des pentacles, des talismans issus de l'inspiration d'un auteur ou d'une école. Rien de cela dans le présent ouvrage. Comme ce livre l'expliquera plus loin, les pentacles de l'abbé Julio sont des illustrations de thèmes reçus d'en haut, pour la plupart présents dans la Bible, et quelques-uns apparus dans l'histoire ultérieure du christianisme. Si le nouveau tracé des pentacles appartient à Marc Neu et si la pédagogie des commentaires m'est propre, ils ne font que refléter en langage d'aujourd'hui des vérités intemporelles et rendre aux écrits de l'abbé Julio toute leur authenticité.

Au cours de cet ouvrage, je fais référence à certains psaumes et à différents textes des Écritures pour appuyer mes propos. J'invite le lecteur à poursuivre l'approfondissement de chaque pentacle en lisant chaque citation dans son contexte. Toute bonne Bible fera l'affaire. Par « bonne Bible », j'entends une Bible traduite par des experts objectifs. Parmi celles-ci, citons la *Traduction Œcuménique de la Bible*, la Bible de Jérusalem, la traduction d'André Chouraqui, la traduction dite « Segond 21 », la traduction publiée par La Pléiade/Gallimard.

La recherche sur les psaumes utilisés dans ces pentacles a permis de rectifier plusieurs erreurs.
Dans les *reprints* de l'abbé Julio habituellement disponibles, le numéro du verset est parfois erroné, et la transcription dans l'alphabet sacré représentée sur les pentacles oublie ou ajoute parfois une lettre ou un mot. Marc Neu et moi-même avons procédé aux corrections qui s'imposaient. Merci à Dominique Delaunoy pour son aide dans ces contrôles. Lorsque l'abbé Julio paraissait se contredire, nous avons accordé la priorité à la version latine des Psaumes qu'il donne dans son *Livre secret des grands exorcismes et bénédictions*.

QUI ÉTAIT L'ABBÉ JULIO ?

Prêtre par vocation, Ernest-Louis Houssay naquit le 3 mars 1844 dans la Mayenne et mourut le 27 septembre 1912.

À Paris, les scandales se succèdent : abus des orphelins d'une institution connue, séduction de domestiques mineures, captation d'héritages... Par des brochures, l'abbé Houssay fait éclater ces affaires étouffées par les autorités. Monseigneur Richard, l'archevêque de Paris, lui déclare une guerre sans merci. Avec l'appui d'autres prêtres, l'abbé Houssay fonde une revue, *La Tribune du Clergé*, dans laquelle il adopte le pseudonyme « abbé Julio ».

En 1888, il rencontre Jean Sempé qui guérit en priant, en bénissant l'eau, le sel, l'huile. Il rappelle à l'abbé Julio que le Christ a transmis ce pouvoir à tous ses disciples, pas seulement aux apôtres.

Monseigneur Richard le fait nommer curé au sud de Tours. Là, il découvre le *Bénédictional romain* (l'ancêtre du *Livre des bénédictions* actuel) de 1665, un recueil d'exorcismes et de prières. Afin que chaque baptisé bénéficie de ces procédés oubliés, l'abbé Julio traduit du latin au français les documents qui composeront l'essentiel de ses livres.

Ayant quitté la Touraine et l'Église catholique, il installe une petite chapelle indépendante en 1901.

Tous les guérisseurs de campagne connaissent les livres de l'abbé Julio, constamment réédités. À la suite du concile Vatican II, la Congrégation pour le culte divin a décrété « que les bénédictions réservées [*aux prêtres et aux évêques*] seraient en très petit nombre » (Décret du 31 mai 1984). Le très officiel *Livre des bénédictions*, édité par le Vatican, est aujourd'hui en vente libre dans une édition actualisée. L'abbé Julio avait eu raison trop tôt !

LE PENTACLE, OUVERTURE SUR L'AUTRE MONDE

LES PENTACLES DANS L'HISTOIRE

LES PENTACLES ET LES RELIGIONS

Un Saint-Christophe pour protéger la voiture...

L'abbé X. avait eu la gentillesse de me ramener à mon domicile. Connaissant mes centres d'intérêt, il avait lancé la conversation sur l'ésotérisme chrétien. Conversation à laquelle il mit un terme en affirmant : « Vous confondez religion et magie. Le christianisme, c'est de la religion, pas de la magie. Il n'y a ni pentacle ni formule magique dans l'Église catholique ! »

Sur le tableau de bord de sa voiture était collé un *magnet*. Une médaille représentant saint Christophe, qui assure que les voyages se passeront bien, sans accident. Il n'y a pas de pentacle dans le catholicisme ?

Quand la Vierge Marie crée ses propres pentacles

En 1830, celle qui deviendrait sainte Catherine Labouré avait eu le privilège de plusieurs apparitions mariales. Le 27 novembre, à dix-sept heures trente, elle reçoit de la Vierge Marie l'ordre de faire frapper une médaille. Son confesseur, Monsieur Aladel, rapporte l'épisode :

« La novice [Catherine] a vu dans l'oraison un tableau représentant la Sainte Vierge, telle qu'elle est ordinairement représentée sous le titre d'Immaculée Conception, en pied et tendant les bras. [Elle était] vêtue d'une robe blanche et d'un manteau de couleur bleu argenté, avec un voile aurore. Il sortait de ses mains comme par faisceaux, des rayons d'un éclat ravissant. [La novice] entendit au même instant une voix qui disait : *“Ces rayons sont le symbole des grâces que Marie obtient aux hommes.”* Autour du tableau, elle lut, en caractères d'or, l'invocation suivante : “Ô Marie conçue sans péché, priez pour nous qui avons recours à vous.”

“Je répands [ces grâces] sur les personnes qui me les demandent” [entendit Catherine. Elle me fit] comprendre combien il était agréable de prier la Sainte Vierge et combien elle était généreuse envers les personnes qui la prient. Que de grâces elle accordait aux personnes qui les lui demandent, quelle joie elle éprouve en les accordant. À ce moment, ou j’étais, ou je n’étais pas, je jouissais, je ne sais.
Quelques moments après, ce tableau se retourne, et sur le revers, elle distingue la lettre M surmontée d’une petite croix, et au bas, les saints cœurs de Jésus et de Marie. Après que la sœur eut bien considéré tout cela, la voix lui dit : “Il faut faire frapper une médaille sur ce modèle, et les personnes qui la porteront indulgenciée et qui feront avec piété cette courte prière, jouiront d’une protection toute spéciale de la Mère de Dieu”. »

L’un des pentacles de l’abbé Julio représente ce monogramme de Marie (le M surmonté d’une croix), dont le modèle fut livré par la Vierge elle-même (voir pentacle N°9 p 96).

La médaille miraculeuse

En février 1832 éclate à Paris une terrible épidémie de choléra, qui fera plus de vingt mille morts. Les Filles de la Charité (appartenant à une congrégation religieuse se consacrant aux pauvres et aux malades) commencent à distribuer, en juin, les deux mille premières médailles frappées à la demande du père Aladel. Les guérisons se multiplient, comme les protections et les conversions. C’est un raz-de-marée. Le peuple de Paris appelle la médaille « miraculeuse ». À l’automne 1834, il y a déjà plus de cinq cent mille médailles en circulation. En 1835, plus d’un million circulent dans le monde entier. En 1839, la médaille est répandue à plus de dix millions d’exemplaires. À la mort de sœur Catherine, en 1876, on en compte plus d’un milliard !

Des objets chargés d'énergie divine

Les citations qui suivent sont extraites des Évangiles et des Actes des Apôtres. Elles laissent entendre que certains objets pouvaient être « chargés » d'énergie divine. Ainsi certaines habitudes ont vu le jour.

Dans la première citation, les hémorragies menstruelles représentaient un cas d'impureté dans le judaïsme de l'époque.

Toucher les vêtements de Jésus

« Une femme, qui souffrait d'hémorragies depuis douze ans – elle avait beaucoup souffert du fait de nombreux médecins et avait dépensé tout ce qu'elle possédait sans aucune amélioration ; au contraire, son état avait plutôt empiré –, cette femme, donc, avait appris ce qu'on disait de Jésus. Elle vint par-derrière dans la foule et toucha son vêtement. Elle se disait : "Si j'arrive à toucher au moins ses vêtements, je serai sauvée." À l'instant, sa perte de sang s'arrêta et elle ressentit en son corps qu'elle était guérie de son mal. Aussitôt Jésus s'aperçut qu'une force était sortie de lui. Il se retourna au milieu de la foule et il disait : "Qui a touché mes vêtements ?" Ses disciples lui disaient : "Tu vois la foule qui te presse et tu demandes 'Qui m'a touché ?' " Mais il regardait autour de lui pour voir celle qui avait fait cela. Alors la femme, craintive et tremblante, sachant ce qui lui était arrivé, vint se jeter à ses pieds et lui dit toute la vérité. Mais il lui dit : "Ma fille, ta foi t'a sauvée ; va en paix et sois guérie de ton mal". »

« On le suppliait de les laisser seulement toucher la frange de son vêtement ; et tous ceux qui la touchèrent furent sauvés [guéris]. »

« Car il en avait tant guéri que tous ceux qui souffraient de quelque mal se jetaient sur lui pour le toucher. »

« Partout où il entrait, villages, villes ou hameaux, on mettait les malades sur les places ; on le suppliait de les laisser toucher seulement la frange de son vêtement ; et ceux qui le touchaient étaient sauvés. »

...et ceux des apôtres

« On en venait à sortir les malades dans les rues, on les plaçait sur des lits ou des civières, afin que Pierre, au passage, touche au moins l'un ou l'autre de son ombre. La multitude accourait aussi des localités voisines de Jérusalem, portant des malades et des gens que tourmentaient des esprits impurs, et tous étaient guéris. »

« Dieu accomplissait par les mains de Paul des miracles peu banals, à tel point qu'on prenait, pour les appliquer aux malades, des mouchoirs ou des linges qui avaient touché sa peau. Ces gens étaient alors débarrassés de leurs maladies, et les esprits mauvais s'en allaient. »

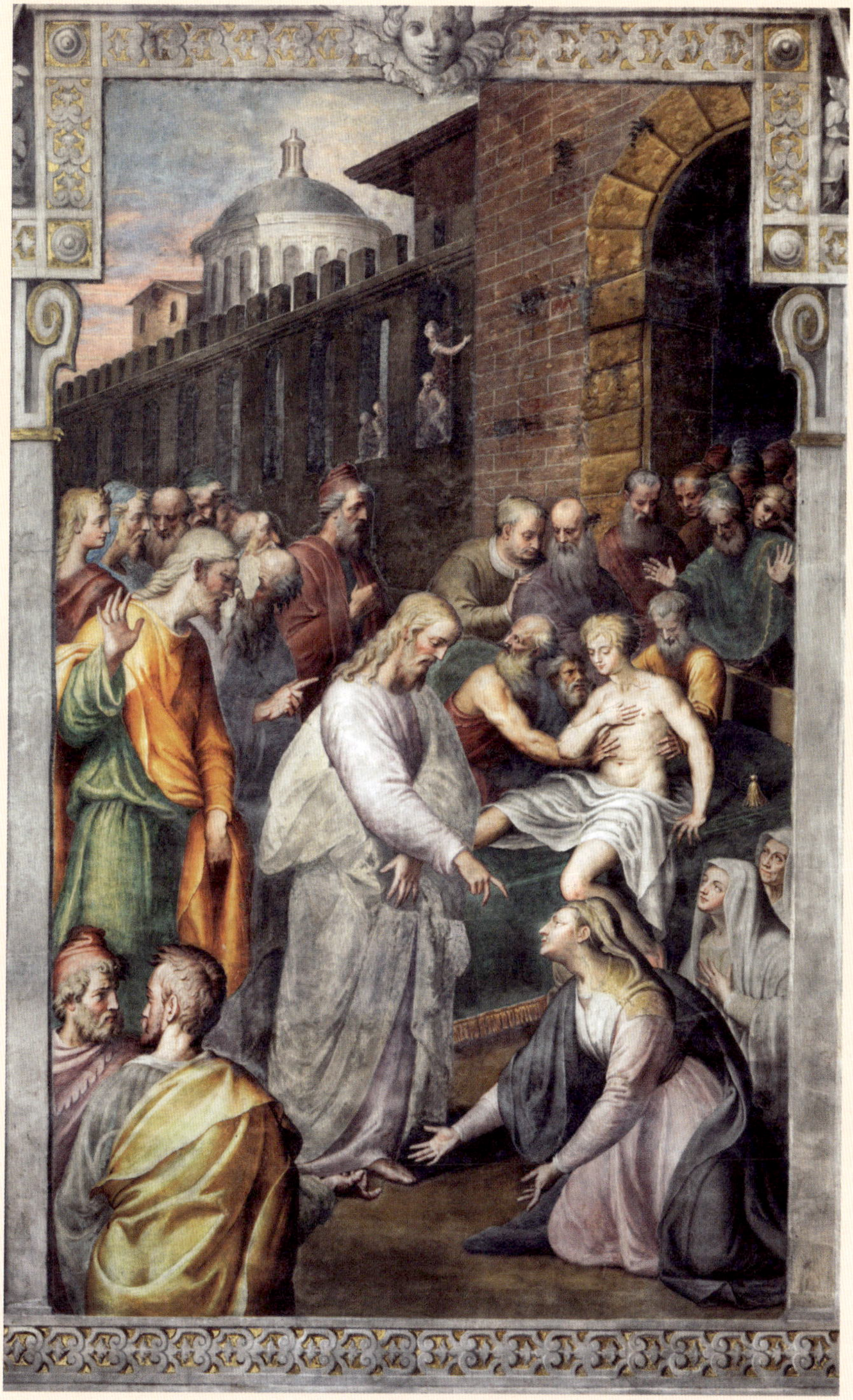

Jésus entouré de femmes
(Basilique San Prospero
de Reggio d'Émilie, Italie).

LES PENTACLES DES PREMIERS CHRÉTIENS

Les persécutions des chrétiens

Pourquoi les premiers chrétiens se faisaient-ils dévorer par les lions dans les arènes ?

Certes, les Romains – qui virent leur ville détruite par le feu en l'an 64 – n'ont pas apprécié les applaudissements de certains chrétiens lors du célèbre incendie, même si ceux-ci ne l'avaient pas allumé. Mais il y eut une autre cause aux premières persécutions, une cause plus importante : les chrétiens furent condamnés pour usage de la magie.

Cette pratique était considérée comme un crime d'État puni par la Loi des XII tables (un décret du sénat dit « des Bacchanales ») et celle de Scylla dite « *Lex cornelia de Sicariis et Veneficiis* » qui punissaient l'empoisonnement et le meurtre par magie. Au point qu'un historien du droit pénal a pu écrire : « Les pratiques magiques ont joué, au point de vue juridique, un rôle encore plus grand que l'incendie et l'infanticide dans les poursuites contre les chrétiens. »

Il semble également que les griefs retenus contre Paul aient été non pas l'appartenance à la communauté chrétienne, mais la subversion et la magie.

Des phylactères juifs aux Écritures chrétiennes

La première communauté chrétienne a reçu des communautés juives dont elle était l'héritière des pratiques utilisant des objets, mots et signes de « pouvoir ». Ainsi, l'Ancien Testament dit que Moïse avait fabriqué un serpent d'airain pour préserver les Israélites des morsures de serpent.

Les juifs portaient des amulettes et des phylactères, ces petits morceaux de peau ou de parchemin qu'ils s'attachent encore au bras ou au front pendant la prière du matin, et sur lesquels sont écrits différents passages des Écritures (on entend par « Écritures » ou « Saintes Écritures » ou encore « Écritures saintes » l'ensemble des livres inspirés par Dieu et réunis dans la Bible). À l'origine, il s'agissait de tatouages. Leur usage de protection est indéniable. L'influence bénéfique rayonnante du texte sacré agit par ce contact avec la peau. Il aurait été étonnant que les chrétiens ne conservent rien de ces usages !

Crâne de saint Valentin (Basilique de Santa Maria in Cosmedin, Rome, Italie).

Les pratiques des premiers chrétiens

Les amulettes chrétiennes

Ce sont des phylactères au vrai sens du mot, c'est-à-dire des inscriptions pieuses, des versets de l'Évangile que l'on porte sur soi pour se protéger.

N'imaginons pas qu'il s'agisse de pratiques populaires tolérées charitablement par l'Église. Plusieurs textes de saint Jérôme, de saint Jean Chrysostome, et d'autres, signalent cette coutume de porter en breloque autour du cou de petits exemplaires des livres sacrés ou de parties de ces livres auxquels on attribuait une efficacité. Sainte Cécile, disent les *Actes légendaires*, portait toujours un exemplaire de l'Évangile sur son cœur...

Des passages de l'Évangile de Jean furent particulièrement prisés, comme le verset dit « verset guérisseur » : *os non comminuetis ex eo* (« les os [du Christ en croix] ne furent pas brisés »). Ce verset se retrouve, aux XVe et XVIe siècles, recommandé pour le même usage de protection.

Les prières sur parchemin, les conjurations et prières représentées sur les pentacles de l'abbé Julio, en sont les héritières.

Les petits reliquaires portatifs

Ils étaient destinés également à être pendus au cou et contenaient soit des sentences de livres saints, soit des fragments de la croix du Christ, soit des reliques des martyrs. On les trouve désignés tantôt sous le même nom que les précédents, *phylacteria*, tantôt sous le nom d'*encolpia*.

Grégoire Ier, dit le Grand (540-604), devint pape en 590. Il envoya des phylactères à Théodelinde, reine des Lombards, pour son nouveau-né Adulovald. Le trésor de Monza les conserve encore, je les ai moi-même vus. Il s'agissait de deux « phylactères » contre les maléfices : un exemplaire des Évangiles dans une petite botte, une croix contenant un fragment de la vraie croix. Les *encolpia* appartenant à cette dernière classe furent très répandus à partir du IVe siècle et on en possède encore des spécimens anciens.

Quant aux reliques des saints, l'habitude d'en porter dans de petites boîtes, ou *capsae*, analogues à nos médaillons, s'est rapidement répandue.

Le monogramme du Christ

Les premiers chrétiens se servirent du signe de la croix (repris dans le pentacle 1, la Trinité sainte, p. 58) comme pentacle protecteur. Ils employèrent très rapidement l'initiale du mot *Chrestos*, le *chrismon*, qu'ils encadrèrent de l'*alpha* et de l'*oméga*, première et dernière lettre de l'alphabet grec. Comme l'abbé Julio le fera (pentacle 35, le triangle protecteur, p. 206)...

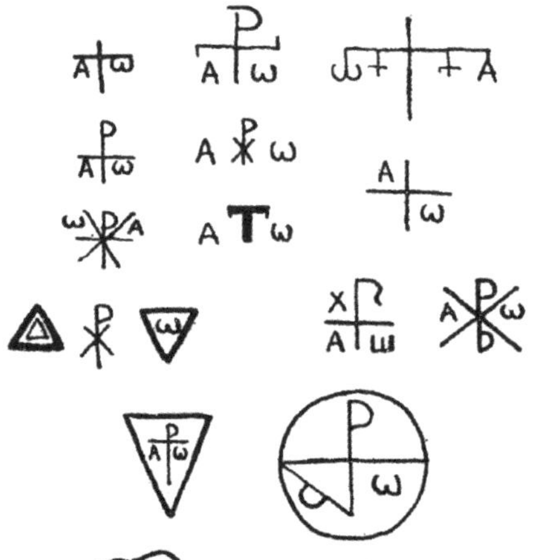

Diverses représentations du monogramme du Christ, retrouvées en Palestine, en Afrique, en Syrie, en Gaule et à Rome.

Une catégorie particulière d'amulettes chrétiennes se répandit dans le monde latin, en Asie mineure, en Arabie et en Éthiopie. Ordinairement en bronze, elles mêlaient le nom ou le monogramme du Christ (encore un pentacle, le 5, repris par l'abbé Julio, p. 78), les prières liturgiques, les versets évangéliques.

L'art des catacombes

Enfin, l'art qui se développa dans les catacombes romaines créa les images dont les pentacles de l'abbé Julio regorgent : le poisson, l'ancre, la colombe, le pain, la vigne, la palme, le soleil, etc. Ces signes furent portés en sceau, en plaque, en anneau, en broderie. On voit saint Clément d'Alexandrie recommander particulièrement le poisson et l'ancre sur les bagues.

On a ainsi trouvé dans les plus anciens cimetières chrétiens des poissons d'ivoire, de verre ou de bronze qui, percés d'un trou, se mettaient au cou. Ces petits objets portent des inscriptions telles que *SOSAIS* (« sauve ») qui témoignent du pouvoir que les premiers chrétiens leur accordaient.

Des amulettes chrétiennes à la magie copte

François Lenormant cite une amulette du IIe siècle, « la plus antique des amulettes chrétiennes trouvée à Beyrouth » dit le *Dictionnaire d'Archéologie chrétienne*. Elle était soigneusement roulée dans un étui. C'est une feuille d'or de trois centimètres de longueur sur deux centimètres de large portant, gravée à la pointe, une inscription grecque dont voici la traduction : « Je t'exorcise, ô Satan, (ô croix, purifie-moi !) afin que tu n'abandonnes jamais ta demeure, au nom du Seigneur, Dieu vivant. Prononcé dans la demeure de celle sur laquelle j'ai fait l'onction. »

Les Coptes, héritiers des traditions de l'antique Égypte, pratiquent la magie des anciens Égyptiens sous une forme christianisée. Ce qui fait écrire à Émile Amélineau : « De même que les paroles de Thot, bien et dûment copiées sur un rouleau de papyrus, préservaient de tous les maléfices, de même les paroles de l'Écriture, surtout les Évangiles, avaient le même effet. »

Dans l'ancienne Égypte, la magie était un attribut des prêtres. Aujourd'hui, les patriarches coptes orthodoxes d'Alexandrie passent pour disposer de pouvoirs spéciaux et mystérieux pour chasser les démons, dénouer les sorts et guérir les maladies secrètes et inconnues. Ainsi encore au siècle dernier, le patriarche Cyrille VI d'Alexandrie (de 1959 à 1971) avait une renommée de faiseur de miracles et de devin. Aux yeux des Alexandrins, saint Macaire passa pour un magicien alors qu'il pria pour faire tomber la pluie. Le grand évêque d'Alexandrie, saint Athanase l'Apostolique, n'échappa pas à la renommée de magicien. L'historien Ammien Marcellin disait de lui : « Il est habile dans la divination, consommé dans la science des augures, il avait, par un moyen, et plusieurs fois, annoncé l'avenir. »

L'historien Sozomène ajoute : « La prescience d'Athanase le faisait accuser de magie par les gentils et par les hérétiques. »

Effectivement, lorsque l'on scrute certaines croix coptes, il est difficile de prétendre que la magie est absente des communautés chrétiennes.

De la protection des maisons à celle des villes

Statues et inscriptions protectrices

L'Antiquité a connu les *Palladium*, petites statues qu'on gardait avec respect et qui préservaient les villes de l'incendie.

La protection des maisons et des villes par les pentacles appropriés s'est maintenue et fut reconnue par les plus hautes autorités. L'évêque Grégoire de Tours (539-594) écrivait, sans éprouver la moindre gêne :

« S'il arrive des incendies à Paris, c'est parce qu'on n'y conserve plus le talisman, la lame merveilleuse qui fut trouvée dans la rivière. »

On trouve des inscriptions sur le linteau des maisons syriennes : EIS THEOS MONOS (« Il n'y a qu'un Dieu ») ou bien XMG X TONIKOS FEUGE SATANA (« Le Christ né de Marie – Victoire du Christ – Fuis, Satan »).

Pierres gravées à l'entrée des villages

Une délégation des Phéniciens du Mont Liban vint trouver saint Siméon (521-597) pour le prier d'empêcher les bêtes sauvages de les dévorer. Le saint leur demanda de graver des croix sur des pierres qu'ils placeraient à l'entrée de chaque village. Ce qu'ils firent. Le fait est corroboré par les données archéologiques : l'on trouve aujourd'hui encore un grand nombre de ces pierres gravées de la croix bicorne de saint Siméon, incorporées dans les murs des chapelles les plus anciennes. Les bêtes sauvages disparurent définitivement.

Croix bicorne de saint Siméon gravée dans la pierre.

LES PENTACLES CHEZ LES CATHOLIQUES

Des médailles dévotionnelles...

Très souvent, on se contentait de décorer une pièce de monnaie d'un empereur chrétien en y perçant un trou. C'est une médaille de ce genre que – d'après un spécialiste de l'histoire des saints – saint Germain d'Auxerre suspendit au cou de sainte Geneviève. On y représentait aussi des épisodes sacrés tels que l'adoration des Mages (comme sur le pentacle 15, p. 110), le sacrifice d'Isaac, le martyre de saint Laurent, etc., avec des légendes exprimant de pieux souhaits.

Cette coutume se développa au Moyen Âge. Nous possédons de cette époque une abondance de médailles en plomb qui présentent ce caractère. Beaucoup se vendaient dans les lieux de pèlerinage célèbres. Ainsi, la vente des médailles en plomb de saint Pierre et de saint Paul constituait un revenu des chanoines de la basilique vaticane.

... aux Agnus Dei

Vous voulez être protégé – ou protéger votre bétail et vos récoltes – des violences du climat ? Vous voulez accoucher sans douleur et sans risque pour votre enfant et vous-même ? Vous voulez l'emporter sur vos ennemis, faire fuir les démons ? Être protégé des maladies et épidémies ? Échapper à la mort subite ou violente ? Aucun problème, les Agnus Dei – préparés par le pape lui-même ! – étaient là pour ça.

De quoi s'agit-il ? Les Agnus Dei sont de petits morceaux de cire bénis et moulés en forme de butte, avec un agneau (l'abbé Julio en a fait également un pentacle, le 30, p. 184) maintenant la croix dressée au moyen d'une de ses pattes : ce sera parfois une bulle d'or ornée d'une croix. Longtemps, la croix fut la lettre grecque Tau.

Leur origine est attribuée aux Romains : ceux-ci, et sans doute d'autres populations, auraient pris l'habitude d'emporter chez eux, pour s'en servir de protection, des fragments du cierge pascal béni la nuit de Pâques.

En 1779, Martin Gerbert, abbé de Sankt-Blasien et auteur d'un traité sur les anciens usages, indique que les Agnus Dei « sont placés dans les maisons, les vignes, les champs, contre les illusions diaboliques ou contre la foudre et le tonnerre ».

Pendant plusieurs siècles, des Agnus Dei furent bénis par le pape en personne une fois tous les sept ans (jusqu'à Paul VI en 1964 ; après une interruption, Jean-Paul II fut le dernier à en bénir, en 2000) : trois prières devaient être prononcées pour consacrer ces médaillons.

Première prière

Dieu, auteur de toutes les sanctifications, vous qui avez agréé l'agneau du sacrifice d'Abel, vous qui, à la place d'Isaac, avez voulu que l'on sacrifiât un bélier, vous qui avez ordonné à Moïse d'offrir des sacrifices, nous vous supplions ardemment de bénir et de sanctifier ces images de cire représentant l'Agneau très innocent, pour qu'à leur présence la grêle, les trombes, les tempêtes, les vents et les tonnerres soient dissipés ; et comme, à la vue du sang dont le peuple avait marqué le seuil de ses maisons, l'ange exterminateur épargna les maisons ainsi aspergées, de même, qu'à la vue de ces images les malins esprits tremblent et s'enfuient ; que ceux qui les portent soient délivrés de la mort imprévue ; que l'ennemi n'ait aucun pouvoir sur eux ; que nulle adversité ne domine sur eux ; que nulle ténèbre ne leur fasse peur ; que la pestilence ou la corruption de l'air ne leur fassent point mal ; que les maladies contagieuses ne les atteignent pas ; que ni les tempêtes de la mer, ni l'incendie, ni l'inondation ne leur nuisent ; par l'invocation de votre Fils unique, notre Seigneur Jésus-Christ, qui vit et règne avec vous dans l'unité du Saint-Esprit dans tous les siècles. Amen.

Deuxième prière

Seigneur Jésus-Christ, qui êtes le véritable Agneau innocent, immolé pour le salut du monde sur l'autel de la croix, vous dont la mort a racheté l'humanité de la mort éternelle et l'a arrachée au pouvoir du démon pour la rappeler à la vie, daignez bénir, sanctifier et consacrer ces images de cire représentant l'Agneau. Que ceux qui les portent dévotement par révérence et en l'honneur de votre nom soient délivrés de la mort subite et de toute mauvaise attaque de l'enfer ; que par la vertu de votre Passion les douleurs des mères qui enfantent soient tellement adoucies que la mère et l'enfant soient conservés sains et saufs. Vous qui vivez et régnez dans l'unité du Saint-Esprit dans tous les siècles. Amen.

Troisième prière

Ô grand Esprit, vous qui fécondez les eaux et les sanctifiez par votre souffle, vous qui changez leur amertume en douceur, daignez bénir, sanctifier et consacrer ces agneaux de cire qui vont être plongés dans l'eau et le saint Chrême. Que tous ceux qui les porteront, forts de votre force, jouissent de vos consolations ; vous qui êtes vraiment le Paraclet et qui vivez et régnez éternellement avec le Père et le Fils. Amen.

La force de la piété populaire

Là où il n'y pas de religion populaire, il n'y a bientôt plus de religion du tout.

De fait, mépriser ces pratiques, c'est mépriser les Coptes, la plus ancienne chrétienté du monde. C'est oublier les phylactères du pape Grégoire le Grand. C'est considérer comme escroqueries les indulgences accordées par le pape Benoît XIV à tous les fidèles qui porteraient et diffuseraient la médaille de saint Benoît.

C'est faire silence sur les Agnus Dei et laisser entendre que les papes qui les consacraient ne croyaient pas à ce qu'ils faisaient.

C'est professer un profond dédain envers la vieille dame qui allume son cierge devant l'autel de la Vierge ou pour l'adolescent qui, loin de toute religion, garde avec respect autour du cou sa médaille de baptême.

QU'EST-CE QU'UN PENTACLE ?

Amulette, talisman, pentacle...

Pour savoir ce qui les distingue, il faut commencer par saisir le sens du mot « magie » tel qu'il s'est précisé au fil des siècles. La magie met l'homme en contact avec les énergies du monde. Mais il y a « énergie » et « énergie » : l'influence du bracelet de cuivre que l'on porte pour calmer ses rhumatismes ; le pouvoir de la Lune dont les effets sont évidents sur les pensionnaires d'une maison de repos ou sur la croissance des salades ; enfin, les énergies divines incréées qui ont protégé le corps du saint de toute dégradation (comme le corps de sainte Catherine Labouré, retrouvé intact lors de son exhumation pour être béatifié, cinquante-six ans après sa mort (il est visible à Paris dans la Chapelle Notre-Dame de la Médaille Miraculeuse).

Entre ces trois types d'énergies, il existe une différence de degré. Trois types de magie, trois niveaux, en sont la conséquence.

LES TROIS TYPES DE MAGIE

La magie naturelle

La magie naturelle recouvre l'utilisation des pierres, des plantes, des éléments, etc.

Ce sont des connaissances empiriques accumulées au fil du temps ou découlant de principes analogiques. Ainsi, la théorie des signatures permet de connaître les vertus d'une plante : par exemple, la noix possède des vertus médicinales pour le cerveau, auquel elle ressemble ; ou le gui, qui croît au détriment d'un arbre sain, possède des vertus anticancérigènes...

Ces connaissances sont rectifiées ou partiellement supplantées par les sciences naturelles des modernes.

La magie céleste

La magie céleste enseigne le savoir et les techniques basées sur des forces invisibles, mais sujettes à certaines conditions ou lois.

Elle concerne les énergies stellaires et planétaires, dont l'agriculture biodynamique connaît encore le pouvoir dans les vignobles ou dans les jardins potagers.

La magie divine

La magie divine (ou « magie cérémonielle », ou encore « théurgie ») s'ouvre à l'action des énergies divines ou angéliques. Comme on ne s'élève pas au ciel en se tirant soi-même par les cheveux, tout ce que nous pouvons faire, c'est nous disposer à les recevoir. Nous ne pouvons pas forcer le Soleil à briller – il le fait de toute éternité –, mais nous pouvons ouvrir les volets pour que sa lumière inonde la pièce.

Pas de confusion

Il existe une différence fondamentale entre la magie céleste et la magie divine.

La magie naturelle et la magie céleste ont une sorte d'automaticité. Le pouvoir d'une pierre ou d'une plante sera toujours plus ou moins identique. L'exposition à la lumière du Soleil ou de la Lune conduira toujours plus ou moins aux mêmes conséquences physiques et psychiques.
En magie divine, il n'existe aucune automaticité de ce genre. On se dispose à recevoir, mais aucune contrainte ne peut s'exercer sur les énergies divines incréées. L'Esprit souffle où et quand il veut.

Dans ce livre, seule nous intéresse la magie divine. Les images utilisées par les pentacles de l'abbé Julio ne relèvent ni de l'influence de substances naturelles (pierres, plantes), ni d'influences célestes. Le prêtre ne les bénit pas quand la Lune est croissante ou décroissante. Ces images n'exercent aucune contrainte sur le Ciel. Du point de vue spirituel et religieux, elles sont légitimes et licites pour une raison simple : qu'elles soient connues par leur présence dans la Bible ou par les interventions divines dans l'histoire, les thèmes dont elles sont porteuses proviennent tous de la Révélation (en nous en tenant aux seules religions monothéistes, il s'agit de Dieu se révélant aux hommes).

AMULETTES, TALISMANS ET PENTACLES

Pour schématiser, l'amulette (le fétiche sera rangé dans la catégorie des amulettes) relève de la magie naturelle.

Le talisman ressort de la magie céleste tandis que les images qui figurent sur le pentacle appartiennent à la magie divine.

L'amulette

Cet objet emprunte souvent son pouvoir au monde animal ou végétal – éléphant, scarabée, feuille, etc. – et agit soit directement soit indirectement.

Il protège par le seul effet de sa nature. L'amulette neutraliserait les influences nocives uniquement grâce à sa présence.

Le mot « amulette » provient du latin amuleten *que Pline utilise pour désigner un objet qui préserve les gens des maladies. Ce mot inclut toujours un sens préventif.*

Le talisman

Le talisman a un but déterminé, précis. Il est artificiel, en ce sens que les textes, les lettres ou le métal dont il est composé ne protègent pas par une action directe. C'est une « boîte » à capter et conserver des influences subtiles – qui sont seules à posséder un pouvoir protecteur –, comme les influences planétaires.

Le talisman est un objet « scientifique » élaboré selon les lois de l'analogie.

L'origine du mot « talisman » est incertaine. On le trouve chez les Arabes sous la forme tilasm *et* tillasm. *Ils l'empruntèrent au terme grec telesma, qui signifie « objet consacré ». L'origine commune semble être hébraïque, de tselem, « image ».*

Le pentacle

Au sens strict, un pentacle est un pentagramme encerclé.

Pour l'usage qui nous intéresse, le pentacle fait appel à des données révélées. C'est sa principale différence avec l'amulette et le talisman. Les images qui le composent, les formules qui s'y trouvent inscrites, sont issues de la Révélation. Le docteur musulman qui part d'une sourate du Coran pour construire des carrés magiques et le chrétien qui utilise des versets évangéliques ou des images présentes dans les Écritures recourent à un pentacle.

Le pentacle devient un « ciel radiant ». La « chose sainte » se rend présente à travers le pentacle qui la représente symboliquement.

> *Dans son étymologie grecque, le mot « pentagramme » contient le préfixe* penta *(« cinq ») et le suffixe* gramma *(« lettre, caractère d'écriture »). En calligraphie, un pentagramme est un caractère composé de cinq éléments graphiques.*

L'ABBÉ JULIO PRÉSENTE SES PENTACLES

Dans ses différents ouvrages, l'abbé Julio décrit ses pentacles, ses médailles et ses prières sur parchemin, et livre les clés qui assurent leur efficacité. Toutefois, ces informations sont dispersées. Je les ai patiemment relevées, puis j'en ai préparé la synthèse que je vous transmets dans ce livre.

Mais commençons par donner la parole à l'Abbé. Les textes mis entre guillemets, sont tous directement extraits de ses livres – *Le Livre secret des grands exorcismes et bénédictions, Petits secrets merveilleux pour aider à la guérison de toutes les maladies physiques et morales* et le troisième, c'est-à-dire *Grands Secrets Merveilleux pour aider à la guérison de toutes les maladies physiques et morales*. Les prières sur parchemin évoquées sont l'objet de la quatrième partie (p. 255).

Les raisons de l'efficacité des pentacles

« Ce qui explique la vertu merveilleuse qu'acquièrent ces pentacles dans la main d'un adepte, c'est qu'expressifs, de temps immémorial, de la domination que le mage exerce sur les esprits élémentaires et sur d'autres races encore des royaumes de l'invisible, de tels caractères constituent comme les signaux convenus du Maître incarné à ses serviteurs d'outre-monde. »

LES VERTUS DES PENTACLES

« Il y a des pentacles, signes, croix et médailles pour tous les cas. L'explication avec l'application en sont données dans notre troisième grand volume.

Les signes ou pentacles sont des figures occultes, ayant vertu spéciale dans un cas déterminé. Une prière y est écrite avec les noms de la personne et la désignation du mal que l'on voudrait voir disparaître, ou de la grâce que l'on désire obtenir.

Les médailles sont en l'honneur de tel ou tel saint, qu'on invoque spécialement en telle ou telle circonstance. »

COMMENT UTILISER UN PENTACLE ?

« Les prières sur parchemin sont bénites spécialement et consacrées par une messe. Il en est de même pour les croix, médailles et Pentagrammes. »

« Les prières sur parchemin, les signes ou pentacles, que nous avons fait imprimer à part, ont leur vertu particulière : nous indiquons ceux qu'il faut dans telle ou telle circonstance et nous les fournissons, en y ajoutant toujours une prière inscrite de notre main, avec les noms et les demandes de la personne qui doit les porter, avec toutes les bénédictions spéciales de l'Église, et dans les cas plus graves avec une consécration par une messe dite sur le signe, la prière, les croix ou les médailles. Ces divers objets doivent être placés dans la maison, ou portés dans un petit sachet, selon les indications qui en seront données. »

« Nous rappelons qu'il est souvent utile de nous consulter pour savoir le pentacle ou la prière qui convient en tel cas déterminé, et surtout pour que nous y écrivions l'une des prières suivantes, que nous les bénissions et les consacrions, par une messe, pour telle personne. En conséquence, il faut nous donner les prénoms, nom, âge et domicile de cette personne, et pourquoi on demande le pentacle ou le parchemin : tout cela est nécessaire pour le mentionner sur le signe ou la prière, faire la neuvaine en faveur du postulant et bien en union avec lui... Si l'on préfère ou si l'on ne peut faire autrement, on peut soi-même écrire, bénir et porter la prière avec le pentacle. » [voir p. 46 à 52]

« Cette prière doit être écrite sur parchemin en latin et en français, munie d'une bénédiction et consécration par une messe du Saint-Esprit, et posée sous l'oreiller, après l'avoir récitée une fois chaque jour pendant neuf jours. »

Les prières sur parchemin sont présentées en pages 258 à 266.

L'INFLUENCE DE CORNEILLE AGRIPPA

En toute chose – particulièrement lorsqu'il s'agit du sens des mots – il convient de revenir aux sources. En matière de pentacle – au sens spirituel du terme –, chacun a puisé dans les trois volumes de *Sur la philosophie occulte* de Henri Corneille Agrippa (1486-1535).

QUELQUES REPÈRES BIOGRAPHIQUES

Henri Corneille Agrippa, dit Corneille Agrippa ou Cornelius Agrippa, naît à Cologne, en 1486. Il est contemporain de Paracelse (1493-1541) et de Rabelais (1483-1553). Léonard de Vinci (1452-1519) est encore vivant quand il est déjà jeune homme.
Incontestablement, il fut un grand voyageur !
Il fonde à Avignon et Paris une association d'amis qui pratiquent l'alchimie. En 1509, il enseigne à Dole la kabbale chrétienne de Johannes Reuchlin, ce qui le fait accuser d'hérésie, et rédige en latin un traité intitulé *De la noblesse et préexcellence du sexe féminin* (en l'honneur de Marguerite de Bourgogne). En Angleterre, il fréquente les grands savants humanistes. En Allemagne, il rend visite à l'abbé Jean Trithème, auquel il montre sa première version du livre *Sur la philosophie occulte* (1510).

L'année suivante, il débute un séjour en Italie qui dure sept ans. Après un détour par Metz, il part en Suisse, exerce comme médecin et publie des calendriers astrologiques.

En 1526, il écrit *Sur l'incertitude et la vanité des sciences*. Son scepticisme le fait condamner par la Faculté de théologie de Louvain et par la Sorbonne. En Belgique, il resserre ses liens personnels avec Érasme et montre de l'attirance pour la pensée de Luther. Rentré en France, il devient le médecin personnel de la mère de François Ier : mais, comme elle ne le payait pas, il finit par être mis en prison pour avoir écrit contre elle.

Il meurt, peu de temps après avoir recouvré sa liberté, à l'hôpital de Grenoble, le 18 février 1535.

CORNEILLE AGRIPPA ET LA PHILOSOPHIE OCCULTE

Agrippa a exercé une grande influence comme occultiste, mage ou alchimiste.

Son principe de base est néoplatonicien : « Chaque monde inférieur est gouverné par un monde supérieur et reçoit l'influence de ses forces. »

Selon la cosmologie de l'époque, il existe trois mondes : l'élémental (celui des quatre éléments), le céleste (celui des planètes, du zodiaque et des étoiles), l'intellectuel (celui des anges et des Bienheureux). Les deux premiers mondes ont une réalité physique, ils correspondent à l'univers sensible. Le troisième monde est d'ordre qualitatif, il correspond au monde intelligible.

À un même « rayon créateur » correspondent une réalité spirituelle, une réalité céleste et une réalité physique.

À chaque monde correspond une magie : « magie naturelle » (physique) pour le monde élémental, « magie céleste » pour le monde planétaire et stellaire, « magie divine » (dite également « cérémonielle ») pour le monde spirituel (voir p. 26 et 27).

LES PENTACLES DANS LA MAGIE DIVINE

Des trois volumes de *Sur la philosophie occulte*, l'un est consacré à la magie divine. Les chapitres 29 à 32 traitent spécifiquement des sceaux, proches des pentacles.

Les figures symboliques des sceaux

Le chapitre 29 nous apprend que les caractères mystérieux utilisés pour les sceaux n'ont aucune puissance par eux-mêmes. Ils n'ont pas d'autre base que la volonté et l'autorité de celui qui les a conçus. Ils sont efficaces parce qu'ils furent investis de la vertu qui est la leur. Comme nous le verrons avec le chapitre 31, il s'agit de sceaux substitués, de marchepieds qui nous disposent à recevoir le sceau destiné à notre identité véritable. En voici le texte :
« Nous devons parler maintenant des caractères et des sceaux des esprits. Ces caractères ne sont rien d'autre que des lettres inconnues empêchant les profanes de lire les noms des esprits et des dieux. Ils forment ce que l'on appelle l'écriture hiéroglyphique ou sacrée qui n'était utilisée que pour écrire les choses sacrées ou relatives aux dieux. Les Anciens pensaient en effet qu'il eût été néfaste d'écrire des choses profanes et impures telles que le commun a l'habitude d'en écrire avec ces caractères réservés aux mystères des dieux. Porphyre dit que les Anciens voulaient voiler les vertus des dieux et indiquer par des choses visibles les vertus invisibles. Ils ont transmis par ces lettres sacrées de grands mystères et ils les ont expliqués par des figures symboliques. Ainsi par exemple ils ont admis que

la boule et la sphère représentaient le monde, le Soleil, la Lune, l'espérance, la fortune ; le cercle représentait le ciel, les segments de cercle la Lune ; les pyramides et les obélisques représentaient le feu et les dieux de l'Olympe ; le cylindre représentait le Soleil et la Terre, le pénis la génération et Junon était représentée par un sexe féminin ou un triangle. Ces caractères n'ont pas d'autre base que la volonté et l'autorité de celui qui les a conçus, de celui, dis-je, qui a reçu le pouvoir d'instituer ces lettres et de leur donner une consécration... »

Les esprits angéliques

Le chapitre 30 s'intéresse aux anges, dont nous ignorons tout. Il est vain de penser que les signes et les rites par lesquels nous les invoquons puissent les contraindre à entrer en contact avec nous.

Ces signes et ces rites ont pour seul but d'induire en nous l'état et l'amour qui nous élèvent jusqu'à eux. Insistons encore sur ce point : en matière de magie divine, l'homme se dispose à recevoir, il n'exerce aucune contrainte sur quoi que ce soit.

Corneille Agrippa l'explique ainsi : « Il faut savoir aussi que les esprits angéliques étant des esprits purs et incorporels, on ne peut communiquer avec eux par des signes, des caractères graphiques ou d'autres procédés humains. Nous ignorons l'essence et la qualité de leurs noms comme nous ignorons tout de leurs œuvres et de leurs actions, nous pouvons seulement essayer de nous les imaginer. Ces caractères, ces figures, ces sceaux, leur ont été consacrés non parce que nous pensons pouvoir les contraindre d'une manière quelconque mais parce que nous espérons nous élever jusqu'à eux par ces caractères et ces figures inconnues. D'abord nous devons y appliquer toute notre concentration physique et intellectuelle, notre admiration ensuite nous amènera à les considérer avec une vénération religieuse et nous tomberons en extase par une adoration qui transportera toute notre âme. Nous pourrons alors invoquer ces esprits avec une foi profonde, un espoir sans faille, un amour ardent, nous les invoquerons en esprit et en vérité par leurs noms, par leurs caractères, afin d'obtenir d'eux la grâce demandée... »

Le rêve de Jacob : des anges viennent à lui en descendant par une échelle (*Biblische Geschichte*, 1882).

La révélation des sceaux personnels

Passons au chapitre 31. Une fois établi le contact avec les anges, ils peuvent signer l'accord qu'ils concluent avec nous par la révélation de sceaux qui nous sont propres. Ici, le mage – ou le prêtre – retrouve la Parole perdue. Il reçoit le véritable pentacle, celui qui peut seul lui ouvrir la porte des mondes spirituels. Cette clé lui est toute personnelle :

« On ne peut obtenir certains caractères que par la révélation. Ils ne peuvent se trouver autrement, car leur vertu n'est révélée que par l'Intelligence Invisible et ils en sont les sceaux cachés, tout vibrants d'harmonie divine. Ils sont les intersignes des traités conclus, des traités ou des pactes conclus entre les anges et nous. À cette catégorie appartient le signe montré à Constantin qui, selon beaucoup d'auteurs, est une croix entourée de cette inscription latine : IN HOC SIGNO VINCES [*ce signe, nommé « monogramme du Christ », forme le motif central du pentacle n° 5 de l'abbé Julio, le monogramme du Christ, p. 78*] ; et cet autre signe qui fut révélé à Antiochus surnommé *Soter* : un pentagone symbole de santé car, traduit en lettres, ce pentagone donne *ὑγίεια*, c'est-à-dire "santé"... »

La communication avec les anges

Le chapitre 32 aborde les moyens qu'utilisent les anges pour communiquer avec nous. Les bons esprits suggèrent des images à notre âme par songe, divination ou autre voie de ce type. Par leur rayonnement, ils façonnent notre âme pour la rendre semblable à eux et lui permettre d'accomplir des œuvres proches des leurs. Là commence le processus de déification : « Mais l'accord de la divinité avec l'intelligence humaine fait que les bons esprits nous aident volontiers. Ils nous communiquent leur puissance et leur vertu, chaque jour, en nous envoyant des illuminations, des inspirations, des oracles, des présages, des songes, des miracles, des prodiges, des divinations, qui viennent aider notre âme, qui l'ébranlent, agissant sur elle en lui suggérant des images, en la formant par leur rayonnement, en la rendant tout à fait semblable à eux jusqu'à ce que notre âme accomplisse des choses presque aussi merveilleuses que les œuvres des génies célestes. »

CONSACRER ET ACTIVER LES PENTACLES : MODE D'EMPLOI

LES MYSTÈRES DE L'EAU BÉNITE

Pour consacrer votre pentacle, pour bénir une personne ou une maison, vous aurez besoin d'eau bénite. Vous pouvez la préparer vous-même (voir p. 40) à partir d'eau et de sel de mer.

L'eau : n'importe quelle eau propre est adaptée. Mais si vous recueillez une eau de pluie un jour d'orage ou de la rosée, c'est parfait. Une telle eau est chargée de lumière, elle a pris un bain de ciel. À défaut, une eau de montagne ou puisée à la source convient.

Le sel de mer : le sel de mer est une terre, mais pas n'importe laquelle. C'est un cristal obtenu par l'évaporation de l'eau de mer. Cette évaporation résulte de l'action des rayons solaires. Le sel de mer est donc une terre issue de l'eau et saturée de feu.
Toutefois, actuellement, le très officiel *Livre des bénédictions de l'Église catholique* s'en tient à l'eau, sans adjonction de sel.

LORSQUE L'ORATOIRE REJOINT LE LABORATOIRE

Allons au-delà de la simple définition, en dévoilant quelques aspects symboliques de l'eau bénite.
Lors de la création du monde, immédiatement après celle de la lumière primordiale, les eaux d'en haut furent séparées des eaux d'en bas, comme le raconte la Genèse :
« Dieu dit : "Qu'il y ait un firmament au milieu des eaux et qu'il sépare les eaux d'avec les eaux !" Dieu fit le firmament et il sépara les eaux inférieures au firmament d'avec les eaux supérieures. Il en fut ainsi. Dieu appela le firmament "ciel". Il y eut un soir, il y eut un matin : deuxième jour. »
Avez-vous remarqué que ce second jour de la création est le seul pour lequel il n'est pas dit que « cela était bon » ? Nous allons revenir avant cet instant et, au contraire, joindre les eaux d'en haut à celles d'en bas,

joindre la part de lumière demeurée dans les eaux d'en haut et celle emprisonnée dans les eaux d'en bas :

- les eaux d'en haut sont l'eau de la mer supérieure libre et dissolvante, la rosée ou l'eau chargée de lumière céleste – la rosée est une humidité qui vient d'en haut et qui s'est chargée de lumière ;
- les eaux d'en bas sont l'eau de la mer inférieure coagulée et coagulante. Le sel marin – obtenu par l'évaporation de l'eau d'en bas –, tel qu'il sort des salines est une eau cristallisée, saturée de lumière solaire.

En préparant l'eau bénite selon la formule ancestrale, vous mêlez donc une substance d'en haut et une d'en bas, mais qui contiennent toutes deux quelque chose de lumineux. Vous extrairez les vertus reçues par le sel de mer, une force efficace que l'irradiation des astres et la réverbération des flots ont alcalisée.
L'eau bénite est un sel de mer fondu par déliquescence dans une eau céleste. L'Apocalypse (dernier livre du Nouveau Testament) dit que c'est un mélange de feu et d'eau, une eau vivante, régénérée et régénératrice. L'eau bénite est « une mer limpide, semblable à du cristal », « une mer de cristal mêlée de feu ».
Selon le prophète Malachie, le sel ainsi dissous est « comme le feu d'un fondeur, comme la lessive des blanchisseurs. Il siégera pour fondre et purifier l'argent. Il purifiera les fils de Lévi ».
L'eau bénite est une eau de feu, une eau qui jaillit au soleil levant (au petit matin).

La signification des rituels

La formule de consécration ou de bénédiction est une Parole vivante. Celui qui la prononce n'est qu'un médiateur. Il met en contact une énergie verticale (Esprit, *pneuma*) – l'émetteur véritable – et le récepteur (qu'il s'agisse d'une personne, d'un objet, d'un lieu). Disons les choses autrement : le langage liturgique réalise ce qu'il signifie.

Une bénédiction – comme son nom l'indique (*bene dicere*, dire le bien) – souhaite du bien. Si cette bénédiction contient une parole révélée, elle devient capable de réaliser ce qu'elle signifie. Elle devient créatrice de bien (*bene facere*, faire le bien). Elle est capable de détruire le mal.

PRÉPAREZ VOUS-MÊME DE L'EAU BÉNITE

L'expression « eau bénite » est incomplète pour désigner ce dont il s'agit, puisque l'opération est effectuée sur de l'eau et du sel de mer. Ces deux substances une fois mélangées donnent l'eau bénite dont vous vous servirez.

Par « opération », on entend un exorcisme qui élimine toute contamination psychique (astrale, subtile) de chacune de ces deux substances. Puis la formule de bénédiction proprement dite est prononcée sur chacune d'elles. Enfin, en versant le sel dans l'eau, on procède à une troisième bénédiction sur le mélange.

Les différentes étapes

Celui qui fait ainsi appel à des puissances supérieures le fait en tant que chrétien, son rattachement à la lignée issue du Christ conditionnant l'efficacité. En clair, il doit être baptisé (catholique, protestant ou orthodoxe, peu importe). Si vous n'êtes pas baptisé, demandez à un ami qui l'est de procéder pour vous à ces opérations.

1 METTEZ UNE CROIX AUTOUR DU COU

Tout au long de l'opération, cette croix vous sert de pare-feu. Si vous avez une croix sous forme de bijou au bout d'une chaîne, cela convient très bien. Vous pouvez aussi acheter dans un magasin d'articles religieux une petite croix en bois pour première communion avec son cordon blanc. Restez simple.

2 PRÉPAREZ DEUX BOLS

Dans le premier, vous verserez de l'eau. Dans le second, vous verserez un peu de sel – gros ou fin, peu importe.

Procédez aux différentes bénédictions. Vous débarrasserez ainsi l'eau et le sel de tous les miasmes et contaminations astrales ou psychiques qui les polluent.

Dans les textes qui suivent, « P » (pour « prêtre ») désigne l'opérateur, « R » (pour « répons ») désigne une personne participant à l'opération. Si vous opérez seul, vous assumez les deux rôles en lisant vous-même tout le texte. Lorsque, au cours du texte, vous voyez la représentation d'une croix, vous devez faire un signe de croix sur la matière (eau ou sel) dont il est question, sauf lorsqu'il est indiqué que vous devez faire ce signe sur vous-même.

3 COMMENCEZ LE RITUEL PAR UNE COURTE PRIÈRE

P ✠ *(Cette première croix est tracée sur soi)*

Notre aide est dans le Nom du Seigneur,

R *Qui a créé le ciel et la terre.*

P Seigneur, exaucez ma prière,

R *Et que mon cri monte jusqu'à vous.*

P Que le Seigneur soit avec vous.

R *Et avec votre esprit.*

4 PROCÉDEZ À LA BÉNÉDICTION DU SEL

Étendez la main droite au-dessus du sel et dites :

Je t'exorcise, créature du sel, ✠ par le Dieu vivant, ✠ par le Dieu véritable, ✠ par le Dieu saint, par le Dieu qui a voulu que tu fusses jeté dans l'eau par le prophète Élisée pour guérir la stérilité de l'eau : afin que tu deviennes sel exorcisé pour le salut des croyants, et que tu procures dans tous ceux qui te prendront, la santé de l'âme et du corps ; et que de tout lieu où tu seras répandu s'enfuient et disparaissent toute illusion et méchanceté, ou malice de ruse diabolique, ainsi que tout Esprit immonde, conjuré au nom de Celui qui doit venir juger les vivants et les morts, et faire passer le monde par le feu. Ainsi soit-il !

Prions : Dieu Tout-Puissant et Éternel, nous implorons humblement votre clémence sans borne, pour que vous daigniez, en votre miséricorde, ✠ bénir et ✠ sanctifier cette créature du sel, que vous avez créée à l'usage des hommes ; que tous ceux qui en useront obtiennent le salut de l'âme et la santé du corps, et que tout ce qui en sera touché ou imprégné soit purifié de toute impureté et de tout envahissement de l'esprit malin. Par notre Seigneur Jésus-Christ. Ainsi soit-il !

5 PROCÉDEZ À LA BÉNÉDICTION DE L'EAU

Étendez la main droite au-dessus de l'eau et dites :

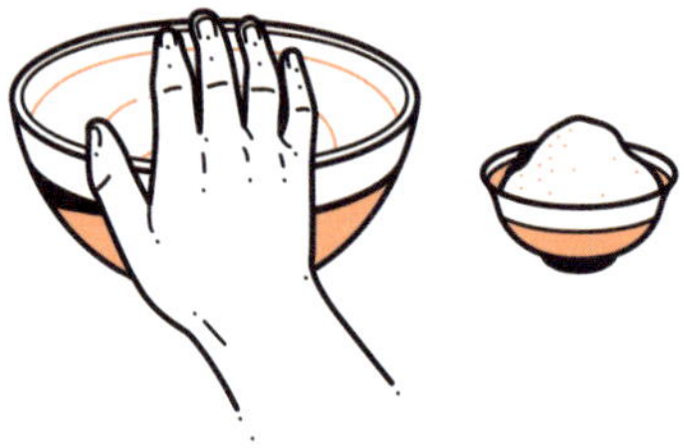

Je t'exorcise, créature de l'eau, ✠ au nom de Dieu le Père Tout-Puissant, ✠ au nom de Jésus-Christ son Fils notre Seigneur, ✠ et dans la vertu du Saint-Esprit : pour que tu deviennes eau exorcisée qui dissipe toute puissance de l'Ennemi, que tu puisses arracher et déplanter l'Ennemi lui-même avec ses anges apostats : par la puissance de ce même notre Seigneur Jésus-Christ qui doit venir juger les vivants et les morts, et passer le monde par le feu. Ainsi soit-il !

Prions : Mon Dieu, qui pour le salut des hommes avez établi avec la substance des eaux vos plus grands sacrements, soyez propice à nos prières, et sur cet élément qui doit servir à tant de purifications, répandez la vertu de votre ✠ bénédiction ; afin que votre créature, employée dans vos mystères, serve, par un effet de la divine grâce, à faire fuir les démons, à chasser les maladies, et que partout où cette eau sera répandue, habitations des fidèles ou tout endroit quelconque soient nets de toute souillure, délivrés de ce qui pourrait nuire : que jamais n'y réside aucun souffle pestilentiel, aucun air corrompu : que soient dissipées toutes les embûches de l'Ennemi caché ; et s'il est quelqu'un ou quelque chose qui puisse nuire à la santé ou au repos de ceux qui les habitent, que par l'aspersion de cette eau tout se dissipe et disparaisse : que toute santé demandée en invoquant votre saint Nom soit à l'abri de toutes les attaques. Par notre Seigneur Jésus-Christ. Ainsi soit-il !

6 PROCÉDEZ AU MÉLANGE DU SEL ET DE L'EAU

Par trois fois, en forme de croix, versez le sel dans l'eau, en disant :

P Que ce mélange de sel et d'eau se fasse ensemble au nom ✠ du Père, ✠ et du Fils, ✠ et du Saint-Esprit. Ainsi soit-il !
Seigneur, exaucez ma prière.

R *Et que mon cri monte jusqu'à vous.*

P Prions : Dieu, auteur de toute force invincible, roi d'un Empire inébranlable, et triomphateur toujours magnifique : vous qui abattez les forces de la Puissance adverse, qui domptez la fureur de l'Ennemi rugissant, qui victorieusement déjouez ses hostiles noirceurs : nous vous supplions, Seigneur, en tremblant et humblement, et nous vous demandons de regarder favorablement cette créature du sel et de l'eau, distinguez-la dans votre bonté, sanctifiez-la par la rosée de votre miséricorde ; afin que partout où elle sera répandue, sous l'invocation de votre saint Nom, soit éloignée toute infestation de l'Esprit immonde, soit repoussée au loin la terreur du venimeux Serpent, et que la présence du Saint-Esprit daigne se faire sentir partout et sur nous tous, qui implorons votre miséricorde. Par notre Seigneur Jésus-Christ, qui vit et règne avec vous, mon Dieu, dans l'unité de ce même Esprit Saint à travers tous les siècles des siècles. Ainsi soit-il !
Sanctifiez, Seigneur, cette eau : donnez-lui pouvoir de nous soulager et de chasser toute maladie, de mettre en fuite les démons et de nous préserver de ses embûches.
✠ Au nom du Père, et du Fils, et du Saint-Esprit. Ainsi soit-il !

ORDRES NATUREL, SURNATUREL ET PSYCHIQUE

Voici une expérience proposée par Jean-Gaston Bardet (urbaniste qui s'est consacré à l'étude et à la pratique de la mystique catholique) dans son ouvrage *Mystiques et Magies* paru en 1974 : il vous faudra trois verres pour la réaliser ainsi qu'un pendule.

L'expérience

Premier verre : eau naturelle

Prenez un verre d'eau pure et un pendule quelconque, neutre : un simple bouchon tenu par un fil suffit.
Vérifiez d'abord que, pour vous – car il existe des inversions de polarité –, ce pendule tourne bien dans le sens des aiguilles d'une montre sur cette eau pure, donc vers la droite. Nous sommes dans le domaine physique, naturel.

Deuxième verre : eau imprégnée de force psychique

L'être humain dispose d'une certaine force psychique. Il peut puiser une formule dans un vieux livre de magie ou se concentrer et, par la puissance de sa seule volonté, obtenir que s'inverse le sens de rotation du pendule : le détecteur tourne alors dans le sens contraire des aiguilles d'une montre.
Nous sommes dans le domaine psychique, « astral », intermédiaire. Tel est le contre-ordre qui biaise l'ordre naturel.

Troisième verre : eau bénite

Sans action psychique, sans effort de volonté, sans influence mentale, vous pouvez obtenir le changement de sens de rotation du pendule. Il suffit de prononcer une simple parole qui présente la particularité d'invoquer directement l'ordre surnaturel sans recourir à l'ordre psychique (volonté humaine, monde astral).
Pour le vérifier, il vous suffit de bénir ce troisième verre par un signe de croix. Tracez le signe de la croix sur l'eau en prononçant : « Je te bénis, au nom du Père et du Fils et du Saint-Esprit, par Marie. »

LA VÉRIFICATION DES RÉSULTATS

À l'ordre naturel, maintenu dans le verre n° 1, ont été substitués un ordre psychique dans le verre n°2, un ordre spirituel dans le verre n° 3. Ces deux ordres ont fait intervenir des niveaux différents : dans le premier cas, c'est le psychisme (le monde astral, le monde intermédiaire) ; dans le second, c'est le pneuma (le Souffle divin, le plan spirituel).
Le résultat semble identique puisque le pendule se met à tourner vers lagauche dans les deux cas. Ce n'est qu'une apparence.

Dans le verre n° 2 (psychique)

L'eau est saturée d'une énergie qui n'est pas naturelle. Par exemple, une plante saine, arrosée une dizaine de jours de suite avec cette eau imprégnée à rebours, dépérit et meurt.

Dans le verre n° 3 (spirituel)

Par simple bénédiction, l'eau devient bénéfique. Une plante qui s'étiole, arrosée de même, reprend vie et se développe. Dans le premier cas, il y a inversion qui biaise ; dans le second, changement de sens qui ajoute.
L'expérience fonctionne ! Je l'ai réalisée avec des branches ayant des bourgeons au même stade de développement. J'ai ressuscité mon anthorium qui ne fleurissait plus depuis six ans. Maintenant, il est âgé de vingt-quatre ans et donne des fleurs magnifiques. L'expression « force psychique » comprend tout ce qu'il advient par la force de la volonté personnelle (la force du moi) et les « formules magiques pour faire arriver automatiquement les choses ».

Si vous prenez le verre n° 2 (psychique), prononcez la formule « Je te bénis, au nom du Père et du Fils et du Saint-Esprit, par Marie ». Cette eau devient alors bénite comme celle du verre n° 3 (spirituel). Elle a dissous le mal et ajouté sa bénédiction.

Voilà ce qu'est l'eau bénite : de l'eau naturelle élevée au plan surnaturel sans contamination du plan intermédiaire, sans confusion des plans « psychique » et « spirituel ».

CHOISIR ET PRÉPARER VOTRE PENTACLE

Avant toute chose, il importe de comprendre ce que vous allez faire et de vous poser plusieurs questions : « Qu'est-ce qu'un pentacle ? Qu'ai-je en mains ? Pourquoi ce tracé est-il puissant ? Un autre dessin ne ferait-il pas tout aussi bien l'affaire ? Si je veux résoudre un problème financier, pourquoi ne pas dessiner directement un sac rempli de pièces d'or ? Ou un chèque avec de multiples zéros ? »

Le pentacle ne représente pas n'importe quoi. Ce n'est pas vous qui en inventez le dessin. Les images qui le composent, les formules qui s'y trouvent inscrites, sont issues de la Révélation. Les pentacles de l'abbé Julio sont des images livrées par la Bible ou révélées aux hommes au cours de l'histoire du christianisme. Un pentacle musulman représentera des images – ou des phrases – révélées dans le Coran ou directement aux hommes au cours de l'histoire de l'islam. Le véritable objet du pentacle – qui se situe sur un autre degré de réalité – irradie par son analogie avec le motif représenté.

Comme l'icône, le pentacle est l'image perceptible aux sens (vous la touchez, vous la voyez) d'une réalité invisible. Comme sa thématique n'est pas d'origine humaine, en le consacrant, vous le reliez à l'archétype dont il est une des images possibles.

Les tracés des pentacles

Les pentacles d'origine n'étaient pas en couleurs et ils ne furent probablement pas tracés par l'abbé Julio lui-même. Ce qui importe est le thème porté par l'image. Marc Neu et moi-même avons jugé utile de procéder à un nouveau tracé pour trois raisons : la première, pour exprimer avec plus de netteté le thème véhiculé par le pentacle en tenant compte des recherches iconographiques effectuées depuis un siècle ; la seconde, pour dégager le pentacle du style « images pieuses » de la fin du XIXe siècle, en rupture avec l'iconographie du christianisme primitif ; la troisième, pour respecter le descriptif donné par l'abbé Julio dans ses livres.

En effet, dans les réimpressions actuellement disponibles, sur certains pentacles des lettres sont omises ou rajoutées, les phrases latines des psaumes contiennent des erreurs flagrantes. Que vous preniez pour base les images présentes dans les livres de l'abbé Julio ou celles tracées par Marc n'a pas d'incidence, puisque les deux versions respectent la thématique voulue. Il en va différemment pour les phrases transcrites en « alphabet sacré » (voir p. 54) dans de nombreux pentacles. Nous les avons patiemment vérifiées et corrigées quand il y avait lieu.

CHOISISSEZ VOTRE PENTACLE

De nombreux pentacles sont affectés aux mêmes causes (guérison d'une maladie, victoire sur les ennemis, etc.). Pour répondre à un besoin précis, vous trouverez généralement une dizaine de pentacles possibles. Le choix d'un pentacle dépendra finalement d'un ressenti plutôt que d'un index préétabli.

Si vous préparez le pentacle pour un tiers, vous devrez percevoir le manque, l'obstruction qui ont donné prise au problème. Puis vous choisirez le pentacle dont l'image guérira cette carence précise, dont l'image rétablira la libre circulation de la vie.

Dans le premier cas – vous préparez le pentacle pour vous-même – votre intuition peut suffire. S'il s'agit d'aider un tiers, une parfaite connaissance du contenu de ces pentacles est indispensable. Vous devez étudier l'image qu'il comporte, le psaume qui l'entoure, les développements que l'abbé Julio ou moi-même proposons.

Prenez votre temps pour choisir le pentacle auquel vous aurez recours. Pendant cette maturation, un travail de décantation s'opèrera dans vos profondeurs. Lorsque le « bon » pentacle émergera – celui que vous allez préparer et consacrer – la coopération de votre inconscient vous sera acquise.

PRÉCISEZ VOTRE OBJECTIF

Ce que vous demandez n'est pas nécessairement ce qui vous est le plus adapté.
Prenons un exemple caricatural, qui vous aidera à comprendre le problème. Si une plaque d'eczéma apparaît chaque fois que votre mère vient passer le week-end à la maison, il est inutile de demander « Guérison de mon eczéma ». Le problème n'est pas là. « Guérison de la relation avec ma mère » serait plus efficace. Ce n'est pas un pentacle pour la santé qui se révèlerait le plus performant, mais un pentacle comportant une image maternelle. En recourant à un pentacle, vous acceptez que l'Esprit œuvre comme il le veut, dans l'ordre où il le veut.
Laissez Dieu le faire. Ne vous mêlez pas de la façon dont l'objectif doit être atteint. Par exemple, vous êtes sans travail et vous visez un emploi particulier auquel vous avez postulé. Ne décidez pas « Je vais utiliser un pentacle pour obtenir cet emploi ». Que diriez-vous si, une fois votre contrat signé, il vous était proposé un autre emploi plus intéressant, mais que votre engagement ne vous permette plus de prendre ? Préférez « Obtention d'un emploi qui me permette de subvenir aux besoins de ma famille ».
Certes, c'est un renoncement. Mais ce renoncement à l'objectif visé n'est pas négatif. C'est un sacrifice (du latin *sacer facere*, rendre sacré) : vous abandonnez au divin le désir sur lequel vous vous crispiez jusqu'ici. « Que ta volonté soit faite... » Ce renoncement est aisé si vous acceptez qu'un bien plus grand encore – mais adapté à votre besoin réel – vous attend.

PRÉPAREZ VOTRE PENTACLE

Votre pentacle choisi, il convient de le préparer. Faites l'effort de le retracer. Que vous soyez un piètre dessinateur n'a aucune importance : vous ne cherchez pas à plaire au bon Dieu par une œuvre d'art. Une fois de plus, ce qui compte est le thème véhiculé. Parmi les statues de la Vierge Marie considérées comme miraculeuses, il n'en est pas deux qui se ressemblent, et certaines ne sont pas du meilleur goût. Rien ne vous empêche de dessiner par transparence, en posant votre feuille de papier sur le pentacle déjà tracé que nous vous proposons sur chaque fiche descriptive.
Accordez-vous le temps nécessaire pour que votre pentacle et vous-même finissiez par vous apprivoiser. Le motif du pentacle doit devenir vivant. En coloriant ce pentacle comme vous l'entendez, vous devez être attentif à chaque détail : vous déposez en vous une image virtuelle. Si la préparation et la consécration d'un pentacle ou d'une prière sur parchemin étaient réalisées avec la perfection voulue, il ne serait même plus nécessaire de les porter. Cette préparation a pour objet de vous élever jusqu'aux plans supérieurs. Si vous y parvenez – ne serait-ce qu'une fraction de seconde – des conséquences collatérales (nommées « guérisons », faute d'un meilleur mot) se produisent.

Par le soin apporté à la préparation de votre pentacle, vous vous branchez sur l'archétype dont il est une image possible. Cet archétype « spirituel » vous travaillera de l'intérieur, comme le levain fait lever la pâte.

Tout au long de la préparation, procédez à une recherche sur l'imagerie du pentacle (sur Internet, notamment).Pour vous aider, j'ai consacré la troisième partie de ce livre à 46 fiches décrivant chaque pentacle (voir p. 57 à 253).

RÉGLEZ VOTRE PENTACLE SUR LA BONNE FRÉQUENCE !

Une fois votre pentacle prêt, écrivez au dos le prénom (celui de son baptême) et le nom de la personne à laquelle le pentacle est destiné. Vous pouvez ajouter l'âge et le lieu de résidence. Ce n'est pas indispensable : l'essentiel est que le destinataire du pentacle soit clairement identifié, sans confusion possible. Si vous préparez le pentacle pour vous, c'est votre prénom et votre nom qu'il convient d'écrire.

Bénédiction de saint François d'Assise

✠ Que le Seigneur vous bénisse et vous garde ! Qu'il vous montre sa face et qu'il ait pitié de vous ! Qu'il tourne vers vous son visage et vous donne la paix !

✠ N... [*prénom, nom, âge, domicile...*], que le Seigneur vous bénisse et vous accorde... [*précisez l'objet de votre demande*]. Ainsi soit-il.

Bénédiction de saint François d'Assise en latin

✠ Benedicat tibi et custodiat te ! Ostendat faciem suam tibi et miseratur tui ! Convertat vultum suum ad te et det tibi pacem !

✠ N... [*prénom, nom, âge, domicile...*], Dominus benedicat te, et tibi tribuat... [*précisez l'objet de votre demande*]. Amen.

Précisez l'objet du pentacle, ce pour quoi vous le préparez. Par exemple, « Trouver un emploi pour subvenir aux besoins de ma famille ».

Ajoutez la prière adéquate. Le latin n'a pas de vertu magique. Mais le fait d'écrire la prière dans une langue autre que votre langue habituelle vous oblige à vous concentrer sur chaque lettre, sur chaque mot. Cette contrainte favorise l'état d'esprit requis. L'abbé Julio propose de choisir entre six prières (voir p. 260 à 266). Je vous suggère d'utiliser la sixième – la prière *In Nomine Patris* –, qui couvre tous les cas de figure (p. 266).

ACTIVER VOTRE PENTACLE

BÉNISSEZ VOTRE PENTACLE

Vous trouverez les deux textes utiles (la *Bénédiction générale* et la *Bénédiction d'un pentacle*) à la suite de cette présentation. Procédez vous-même à cette bénédiction si vous êtes baptisé. Dans ces bénédictions, la croix ✠ au commencement d'une prière indique qu'il faut faire sur soi-même le signe de la croix. La croix à l'intérieur de la prière indique qu'il faut faire avec la main droite le signe de la croix sur l'objet à bénir.

La lettre « P » signifie « prêtre ». C'est celui qui bénit – qu'il soit prêtre ou pas – qui dit cette phrase. La lettre « R » signifie « répons ». Les personnes présentes, s'il y en a, répondent ; sinon, celui qui bénit fait la demande et la réponse.

L'abbé Julio donne les deux versions dans ses ouvrages. Voici ce qu'il en dit : « Notons qu'une prière est bonne, en quelque langue qu'elle soit dite ; on peut donc les dire en français ou en latin, peu importe. Cependant nous donnons ici cette prière, qui est la plus usuelle, en latin, afin que nos prêtres ou nos délégués puissent la dire en cette langue, le latin étant plus précis et d'ailleurs la langue de l'Église. Ceux qui ne savent pas le latin la comprendront à l'aide de la traduction française qui se trouve au premier volume. L'essentiel est qu'ils la disent avec foi et pour des gens qui ont la foi, j'entends n'importe quelle forme de foi, c'est toujours la foi en Dieu. Sans cela rien de fait et rien à faire. »

Bénédiction générale

P ✠ [*Cette première croix est tracée sur soi*]
Notre aide est dans le Nom du Seigneur,

R *Qui a créé le ciel et la terre.*

P Seigneur, exaucez ma prière,

R *Et que mon cri monte jusqu'à vous.*

P Que le Seigneur soit avec vous.

R *Et avec votre esprit.*

P Prions. – Dieu, à la lumière duquel sont sanctifiées toutes nos actions et nos moindres pensées, veuillez, nous vous en supplions, répandre ✠ votre bénédiction sur ce pentacle, et faites que N… (*Nommez la ou les personnes pour lesquelles vous bénissez*) en usera (*ou* en useront) avec reconnaissance, conformément à votre volonté comme à votre loi, obtienne de vous, qui seul pouvez l'accorder dans votre bonté et par l'invocation de votre très saint Nom, la santé du corps, le salut de l'âme et tout ce que les nécessités de la vie lui (*ou* leur) font demander avec dévotion et foi. Par notre Seigneur Jésus-Christ.

R *Ainsi soit-il.*

Aspergez délicatement le pentacle de quelques gouttes d'eau bénite. Poursuivez avec la bénédiction particulière aux pentacles.

Bénédiction particulière aux pentacles

✠ Je te conjure, pentacle, par ces saintes lettres I. N. R. I. qui signifient : Jésus Nazaréen Roi des Juifs, titre triomphal de notre Sauveur et Seigneur Jésus-Christ, par tous les noms sacrés qui s'appliquent au Créateur de toutes les choses créées, au nom de celui qui a puissance de faire et de donner à toi, objet consacré, une vertu telle que tout ce qui se trouve écrit sur toi, ou sur toi représenté, et comblé de bénédictions, ait pour effet de conduire sûrement à la vie éternelle ; que de toi sorte toute tromperie et puissance diabolique et qu'en toi se trouve infusée toute la puissance que nous venons d'invoquer, et tout ceci sans plus tarder, au nom ✠ du Père ✠ et du Fils ✠ et du Saint-Esprit. Ainsi soit-il.

Aspergez de nouveau le pentacle de quelques gouttes d'eau bénite (délicatement).

LES SITUATIONS DIFFICILES

Pour les cas graves, une fois votre pentacle terminé et béni, vous pouvez le consacrer par une messe. Pour les cas les plus sérieux, l'abbé Julio recommande d'accompagner le port du pentacle par une neuvaine de messes : un même prêtre dira neuf jours de suite une messe pour l'intention que vous lui aurez confiée. Adressez-vous à une œuvre qui propose ce service (l'Œuvre des Campagnes, l'Œuvre d'Orient, etc.). De plus, vous ferez une bonne action. Par exemple, l'Œuvre des Campagnes vient en aide aux prêtres âgés en détresse. Ces prêtres sont retirés de toute activité, mais ce sont eux qui diront votre messe. Ils le feront en prenant leur temps, avec un sentiment de gratitude pour l'aide que vous leur apportez.

Si vous avez un ami prêtre qui coopère, il placera le pentacle sur l'autel et l'y laissera tout au long de la messe. Si vous ne le sentez pas très à l'aise, rappelez-lui qu'il respecte ainsi une antique tradition. Comme l'écrit Léopold Delisle : « Pour être plus certain d'être compris dans les commémorations du saint sacrifice, on tenait à avoir son nom gravé sur l'autel ou inscrit sur les feuillets du livre que le prêtre avait sous les yeux au moment où il récitait les prières du canon. Les fidèles aimaient à tracer eux-mêmes leurs noms sur la table ou les montants de l'autel, soit sur les marges du sacramentaire. »

Si vous rencontrez des difficultés pour trouver un prêtre, contournez-les en demandant une messe (que vous paierez et à laquelle vous assisterez) tout en précisant au prêtre l'intention (à quelle fin vous la faites dire : guérison d'une maladie, obtention d'un emploi, etc.). Il ne pourra pas refuser. Pendant cette messe, ayez sur vous votre pentacle. Il sera consacré *de facto*, comme s'il était posé sur l'autel.

L'abbé Julio pratiquait le rite liturgique aujourd'hui nommé « forme extraordinaire du rite romain ». Si vous vous adressez à une Église autre que catholique romaine, soyez prudent. En tapant « abbé Julio » sur Internet, vous aboutirez sur les sites d'une multitude de petites Églises autonomes. Si certaines sont sérieuses et sincères, d'autres font des exorcismes et désenvoûtements un commerce abject.

Votre pentacle est prêt ! Dites merci !

Vous pouvez placer le pentacle consacré dans la maison ou le porter sur vous (ou le faire porter par la personne à laquelle il est destiné). Si cela est plus commode, vous pouvez l'insérer dans un petit sachet de toile ou le rouler sur lui-même.

Lorsque vous aurez obtenu la guérison de la situation, il convient de clore l'opération en remerciant. Le plus simple est de donner un peu d'argent à une œuvre de votre choix.

Si vous n'en avez pas les moyens, consacrez un peu de temps à une bonne cause. Ce sera votre façon de remercier.

Prenez aussi le temps de rédiger un rapport précis sur la « guérison » obtenue. Décrivez le problème (emploi, santé, relation...). Quand et comment a-t-il commencé ? S'il s'agit d'un problème de santé, des bilans biologiques ou des radiographies confirment-ils le diagnostic ? Quel pentacle avez-vous utilisé ? Combien de temps ? Comment la résolution du problème est-elle survenue ?

COMPRENDRE LES PENTACLES

Dans la troisième partie de ce livre, vous trouverez sous forme de fiche le détail des quarante-six pentacles présents dans les livres de l'abbé Julio. J'ai rassemblé toutes les informations qu'il donnait à leur propos.
Les livres qui se copient les uns les autres répertorient quarante-quatre pentacles. En réalité, il y en a quarante-six, sans compter les pentacles pour lesquels l'abbé Julio propose lui-même deux représentations (le Triangle divin, l'archange Gabriel, l'archange Raphaël, l'archange Michel).

Par souci de clarté, j'ai donc réparti ces renseignements en trois rubriques :

- « **Quand utiliser ce pentacle ?** » énumère les différents cas dans lesquels vous pouvez employer ce pentacle.
- « **Présentation par l'abbé Julio** » reprend les informations livrées par l'abbé lui-même dans ses propres termes : ses « Explications » du pentacle (description, histoire...) et la liste de ses « Applications ».
- « **Pour aller plus loin** » indique les sources bibliques et aborde différents thèmes en rapport avec le pentacle.

LES COMMENTAIRES « POUR ALLER PLUS LOIN »

Lorsque l'abbé Julio fait référence à un psaume, j'ai remplacé sa numérotation par celle communément employée dans les éditions actuelles de la Bible.
Pour respecter son texte, je donne la traduction du psaume en langue française.
Je complète parfois avec quelques précisions personnelles. Dans ce cas, elles sont entre crochets et en italique.
Dans les sources bibliques, lorsque l'imagerie du pentacle apparaît dans la Bible, j'en indique la référence. Lorsque le pentacle contient le verset d'un psaume, je donne le résumé du psaume.

L'ALPHABET SACRÉ

Autour de nombreux pentacles (ce que l'abbé Julio appelle « l'exergue ») ou dans le pentacle lui-même, sont inscrits des séries de signes étranges. Quant aux prières, elles sont entièrement rédigées dans un langage mystérieux.

Je pense que l'abbé Julio a créé son propre alphabet, inspiré des formes des lettres grecques et coptes. En tout cas, nous n'en avons pas trouvé trace dans les grimoires antérieurs.

Il ne faut rien y voir de « magique ». C'est une astuce de l'abbé Julio pour que celui qui prépare son propre pentacle soit hyper-concentré sur chaque « lettre » qu'il trace – ce qui favorise l'intégration et l'activation du pentacle. S'il s'agissait de simplement recopier une phrase en français, cette concentration n'existerait pas.

Le texte ainsi « codé » est une phrase latine extraite d'un psaume. À l'époque de l'abbé Julio, toute personne ayant fait quelques études connaissait le latin. Le code de cet alphabet – dit « sacré » par l'abbé Julio lui-même – est très simple. À chaque lettre de l'alphabet latin correspond l'un de ces signes.

CLEF DE L'ALPHABET SACRÉ

Décoder l'alphabet sacré

Prenons le pentacle n° 2, Le Père éternel. Il est entouré d'une multitude de signes de l'alphabet sacré.

En remplaçant chaque caractère par la lettre qui lui correspond dans « la clef de l'alphabet sacré », nous obtenons la phrase suivante : *Deus in adjutorium meum intende : Domine ad adjuvandum me festina*. Elle correspond au verset 2 du Psaume 70. Littéralement, elle peut être traduite par : « Mon Dieu, venez à mon aide : Seigneur, hâtez-vous de me secourir. »

Ces phrases latines placées autour des pentacles ou à l'intérieur sont presque toujours le verset d'un psaume.

LES
46 PENTACLES
DE
L'ABBÉ
JULIO

1

LA TRINITÉ SAINTE

QUAND UTILISER CE PENTACLE ?

- Pour toute demande et prière
- Contre tout mal et maladie

PRÉSENTATION PAR L'ABBÉ JULIO

EXPLICATIONS

[*La Trinité sainte est l'un des pentacles les plus connus de l'abbé Julio – et cette image revient de nombreuses fois dans ses écrits. À l'origine, c'est surtout sous forme de médaille que l'Abbé Julio l'utilisait.*]

>> La médaille

Il y a des médailles pour tous les saints, il n'y en a pas à Dieu. Et cependant s'il est bon de s'adresser aux disciples, ne vaut-il pas mieux s'adresser au Maître ?

Nous avons encore d'autres raisons supérieures de donner cette médaille : nous en laisserons entrevoir quelques-unes. C'est pourquoi nous l'appelons à juste titre la « Médaille Mystérieuse ».

Nous ne l'avons pas inventée : les divers caractères qui la composent existent dès la plus haute Antiquité et nous l'avons retrouvée taillée dans le roc depuis plus de mille deux cents ans.

Saint Gilles, né vers 640, était un athénien de race royale. Pour mieux se sanctifier, il quitta tout jeune sa patrie pour aller se cacher au fond des forêts. Il vint en France [...] et se réfugia dans une grotte, où il rencontra un saint vieillard, du nom de Vérédème, athénien comme lui. Cette grotte se trouve en Provence, sur les bords du Gardon, près de Saint-Sanhilac, non loin de Collias, arrondissement d'Uzès (Gard). Ses miracles le chassant de nouveau, il quitte son saint ami Vérédème et s'en va à quatre lieux de Nîmes [...] C'est là que le découvre le roi des Visigoths, Flavius Wamba [...] Le roi construisit pour lui un grand monastère dont saint Gilles fut le premier Abbé [...]

C'est dans la grotte de saint Vérédème et saint Gilles que nous avons trouvé gravée par eux dans la pierre du rocher cette figure de la Divinité [...] Dans leur pauvre grotte dépourvue de tout bien-être, ils n'avaient d'autre signe religieux que cette expression de l'Être Infini, qu'ils ont contemplée et méditée pendant des années et des années. Expliquons-la et disons le but que nous poursuivons en la procurant à nos frères.

>> Un triangle avec trois croix

Le triangle dans l'Église est l'image de la Trinité Sainte. Je le vois partout sur nos autels, environné de gloires [*le rayonnement de la divinité*]. Le triangle représente la Trinité Sainte, l'Être absolu, la Cause sans cause, la source et la vivification de tout ce qui existe. *Deo soli honor et gloria !* À Dieu seul honneur et gloire !

Les trois croix représentent les trois Personnes ineffables de la Trinité Sainte : Père, Fils et Saint-Esprit. Quand vous bénissez vos fidèles prosternés, ne faites-vous pas, avec la majesté qui vous distingue, trois grands signes de croix, en disant ce que vous pouvez lire en exergue autour de cette médaille : *In nomine Patris, et Filii, et Spiritus Sancti* (Au nom du Père, du Fils et du Saint-Esprit) ?

APPLICATIONS

C'est par trois signes de croix que toutes les choses sont bénies, revivifiées et sanctifiées par notre Seigneur Jésus-Christ, notre unique rédempteur. C'est pourquoi, à chaque page, pour ainsi dire, de nos trois volumes, nous retrouvons cette formule : « Au nom du ✠ Père, et du ✠ Fils, et du ✠ Saint-Esprit ».

Elle s'applique donc forcément à toute bénédiction, à toute chose, à toute demande, à toute prière, pour vaincre tout mal, toute maladie, en soi-même ou dans les autres, pourvu que ce soit en conformité avec l'ordre providentiel.

Il faut toujours, pour guérir, pour délivrer, pour préserver, faire trois signes de croix sur l'objet, ou sur la personne, sur le mal ou contre le Mauvais. Chacun, en quelques traits de plume, peut tracer un triangle et trois croix.

La Trinité, Agnolo Gaddi (XIVe s., Italie). Dieu le Père, son fils Jésus sur la croix et le Saint-Esprit représenté par la colombe.

POUR ALLER PLUS LOIN

SOURCES BIBLIQUES

Il n'y a pas de représentation de la Trinité sous forme de trois croix dans les Écritures.

Cependant, dans l'Évangile de Matthieu, deux phrases mettent la Trinité en évidence : « Dès qu'il fut baptisé, Jésus sortit de l'eau. Voici que les cieux s'ouvrirent et il vit l'Esprit de Dieu descendre comme une colombe et venir sur lui. Et voici qu'une voix venant des cieux disait : "Celui-ci est mon Fils bien-aimé, celui qu'il m'a plu de choisir". » Les trois Personnes sont là : Jésus le Fils, Dieu le Père, et l'Esprit Saint sous forme de la colombe.

Cocarde représentant la Sainte Trinité (XIVe s., Hollande).

L'origine de l'élaboration intellectuelle qui aboutit à la Trinité telle qu'elle est aujourd'hui comprise se trouve dans ce même Évangile : « Allez donc : de toutes les nations faites des disciples, les baptisant au nom du Père et du Fils et du Saint-Esprit... »

Un incontournable

Le pentacle proprement dit représente « un triangle à fond rouge, avec trois croix bleues ». L'image est reproduite à de fréquentes reprises dans les quatre livres de l'abbé Julio.

Le pentacle se consacre comme les autres pentacles (voir p. 50).

Gravure rare représentant la Sainte Trinité (XIXe s.).

Médaille Mystérieuse, avec trois croix latines en exergue : *In nomine Patris, et Filii, et Spiritus Sancti* « Au nom du Père, du Fils et du Saint-Esprit. »

Médaille Mystérieuse, avec une seule croix latine †, un « Tau » (T) et la lettre grecque psi (ψ). Autour, on lit la formule : *Nil occultum quod non scietur* « Il n'est rien de caché qui un jour ne sera révélé. »

LA MÉDAILLE MYSTÉRIEUSE

Pour les membres de sa Fraternité, l'abbé Julio avait fait frapper une médaille dont la première face est identique au pentacle. Voici, dans les termes de l'abbé Julio, la description de la seconde face de la médaille :

« Le T, première lettre du Tetragrammaton, signifie : "Nom sacré composé de quatre lettres : I É V É", lequel a une signification profonde que les initiés seuls peuvent entrevoir. La croix est le Verbe.
Le ψ, première lettre de Φυχη, signifie "Esprit". La synarchie trinitaire de l'infini et des mondes. L'exergue est cette parole des Évangiles, qui est notre devise : *Nil occultum quod non scietur* "Il n'est rien de caché qui un jour ne sera révélé". En d'autres termes l'occulte est la science déjà acquise pour certaines âmes privilégiées, espacées dans le monde, qui se joignent quand même sous le souffle de l'Esprit, qui les pousse à remplir leur mission d'illuminer leurs frères.
La Médaille Mystérieuse n'est donnée qu'après les rites nécessaires pour la personne nommément. Elle se porte ostensiblement, de préférence en breloque, puisque c'est un bijou, afin que nous puissions partout nous reconnaître, nous soutenir, nous instruire et nous aimer, car nous ne sommes pas une société secrète, nous n'agissons pas à huis-clos, mais à ciel ouvert et nous arborons hautement et clairement le programme de la synarchie sociale et de la loi du règne de Dieu. »
La médaille est bénite selon des instructions particulières précisées par l'abbé Julio : « La bénédiction [*de la médaille*] doit être faite par un prêtre. La bénédiction faite, les deux Médailles Mystérieuses (l'une pour la personne, l'autre pour la maison) sont posées sur l'autel et par une messe spéciale pour le nouvel élu sont consacrées selon les rites. Si l'initié est présent, les médailles lui sont remises solennellement avec une bénédiction particulière et toutes les instructions nécessaires, selon son degré d'initiation. »

LA TRINITÉ

Avant d'aller plus loin dans l'explication de ce qu'est la Trinité, la Sainte Triade, gardons à l'esprit que le christianisme est monothéiste. Il n'y a pas trois dieux qui seraient nommés respectivement « Père », « Fils » et « Saint-Esprit » ! Il n'y a pas trois « personnages », il n'y a qu'un seul Dieu.

Recourons à une analogie : lorsque vous parlez, du son et du souffle sortent de votre bouche.

>> Le Père

La réalité qui est à l'origine du son et du souffle est nommée « Père ». Pas parce qu'elle a quelque chose de masculin, mais parce que tout en provient. Dieu est Père en tant que principe de toute chose, en tant que nous recevons tout de Lui.

Ce que le Nouveau Testament appelle « Dieu », c'est le Père. Jésus l'appelle « père » ou « le Père » ou « papa », même si les traducteurs sont trop frileux pour employer ce dernier mot. Dieu le Père est le créateur de tous les êtres.

>> Le Fils

Dans notre analogie, le son, c'est le « parler de Dieu », la Parole créatrice, le Verbe (en grec *logos*, c'est-à-dire « parole »).

Il est « le parler » de Dieu qui le révèle à nous :

- par l'œuvre de la création d'abord ;
- puis par l'inspiration – prophètes, procédés divinatoires qui sont nombreux dans l'Ancien et le Nouveau Testament où des rêves interviennent à des moments cruciaux ;
- et finalement par le messie (Christ), l'homme parfait et achevé, à l'image et à la ressemblance de Dieu.

Or, le « parler de Dieu » s'est fait chair. Pour dire les choses autrement, Dieu le Père s'est uni, dès sa conception, un homme particulier. Cet homme à la double nature, humaine et divine, est nommé « Jésus-Christ », ce qui veut dire « Jésus le Messie ». Jésus est un être concret, singulier, qui est intégralement homme. Mais il n'est pas seulement homme... Il dit de lui-même que « Le Père est en moi comme je suis dans le Père » et « Je suis dans le Père, et le Père est en moi ».
En considérant « Jésus le Messie », nous ne considérons pas seulement l'être humain que nous voyons, mais le tout, l'ensemble relationnel « Dieu qui s'unit l'homme » ou, selon la

formule du pape Léon le Grand, « L'homme véritable [qui] a été uni à Dieu véritable ». Jésus est « l'homme véritable uni au Dieu véritable [...] sans mélange, ni confusion, ni séparation ».

Alors que nous sommes des êtres humains en cours de transformation, Jésus de Nazareth est l'homme nouveau et véritable uni à Dieu depuis le premier instant de la création de son âme humaine. C'est à cette image que nous devons nous conformer, en nous assimilant à elle.

Lorsqu'il assume la nature humaine, le « parler de Dieu » est nommé « Fils ». Pas parce qu'il a quelque chose de masculin, mais parce qu'il est engendré.

>> Le Saint-Esprit

Le mot « esprit » traduit le grec *pneuma* qui désigne le « souffle ». Le Saint-Esprit, c'est donc le « souffle sacré ». Rien à voir avec « les esprits » et autres fantômes. En hébreu, le mot correspondant (*ruah*, « souffle, vent ») est féminin, d'où sa représentation par une colombe. « Souffle divin » et « Saint-Esprit », c'est la même chose.

Le Saint-Esprit est le souffle de Dieu qui se communique à nous. C'est le souffle sacré dont Jésus a été oint par le Père. Mais c'est aussi le souffle qui agit dans le monde. Il opère dans tous les humains qui s'ouvrent à lui, qui se disposent à le recevoir. C'est un feu céleste qui travaille notre animalité comme le levain travaille la pâte du dedans.

L'objectif est notre propre divinisation, qui nous configurera à l'image de Dieu qu'est le « Jésus le Messie ».

>> Un seul Dieu, mais trois réalités

Dans la théologie la plus proche des sources sémitiques, la Trinité est donc un couple bipolaire (l'homme véritable uni au Dieu véritable), union assurée sans confusion ni séparation par un double courant d'amour (le Saint-Esprit) qui procède du Père et retourne au Père par le Fils.

Certains auteurs écriront de façon imagée que le Père opère dans le monde par ses deux mains : une main masculine (le Fils) et une main féminine (le Saint-Esprit).

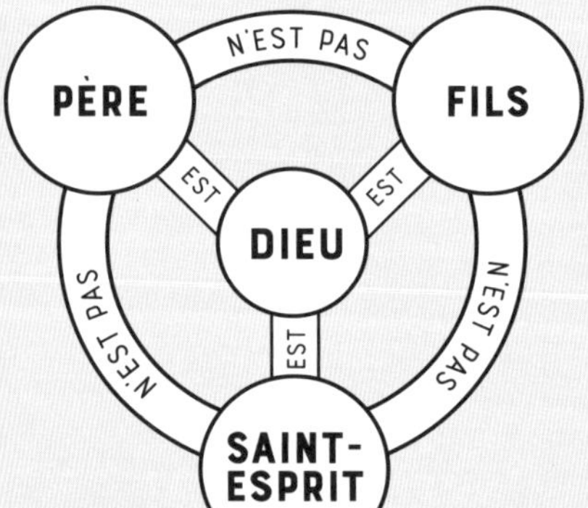

Le Père, le Fils et le Saint-Esprit sont trois réalités distinctes d'une unique nature divine, d'un seul et unique Dieu. Il n'y a qu'un seul Dieu, il n'y en a ni deux ni trois. Ce n'est pas « 1 + 1 + 1 = 3 » (Père + Fils + Saint-Esprit = trois dieux). C'est « 1 x 1 x 1 = 1 ».

Témoignage

Carole a eu recours à ce pentacle de la Trinité sainte alors qu'elle allait être opérée d'une tumeur au cerveau dans des conditions très difficiles (pas d'anesthésie afin de pouvoir répondre aux questions des chirurgiens, etc.). Le type de cancer dont il s'agit récidive systématiquement, et l'on donnait à Carole une moyenne de quinze mois de survie. L'opération s'est bien passée, même si elle a laissé quelques séquelles. Dix ans plus tard, Carole est toujours de ce monde, il n'y a pas eu de récidive.

Nous donnons ce témoignage parce qu'il est authentique, en précisant que nous ne savons évidemment pas ce qu'il se serait passé si le travail sur le pentacle n'avait pas été effectué. Mais dans ces situations, seul le résultat compte !

La Sainte Trinité, (manner of) Maarten van Heemskerck (XVIe s., Hollande).

2

LE PÈRE ÉTERNEL

QUAND UTILISER CE PENTACLE ?

- En toutes circonstances

PRÉSENTATION PAR L'ABBÉ JULIO

EXPLICATIONS

En exergue : *Deus in adjutorium meum intende ; Domine ad adjuvandum me festina.*
Ce qui signifie : « Mon Dieu venez à mon aide ; Seigneur, hâtez-vous de me secourir. »
C'est la prière première par laquelle débute toute bénédiction, toute supplication quelconque. C'est à Dieu seul que nous nous adressons. Tout nous vient de Dieu, tout retourne à Dieu.

Nous sommes forcés de faire une image pour arrêter la pensée ; mais il est évident que rien ne peut représenter l'irreprésentable, l'infini, la perfection, la beauté, la bonté, l'intraduisible, l'inintelligible, l'invisible à tout jamais si ce n'est dans ses éternelles manifestations.
O Altituto ! Adoro, amo, ad te suspir : « Sublime profondeur, je t'adore et je t'aime, je soupire et j'aspire à toi de tout moi-même ! »
Adoro, amo, suspiro ! C'est le ciel en trois mots.

APPLICATIONS

Ce signe sacré est tout-puissant pour n'importe quelle circonstance où la créature demande aide à son Créateur, c'est-à-dire toujours, en tout et partout.

POUR ALLER PLUS LOIN

SOURCES BIBLIQUES

La phrase inscrite en exergue autour du pentacle est extraite du Psaume 70. Elle est rédigée dans l'alphabet sacré du père Julio qui en donne la traduction latine et française dans ses *Explications*.

Le suppliant se réfugie sous la protection du Dieu d'Israël comme dans un asile inattaquable. En raison de sa fidélité à ses promesses, Dieu le délivrera du danger. Menacé par des hommes méchants, le suppliant met tout son espoir en celui qui fut son soutien depuis sa toute première enfance, et même avant sa naissance.

Gravure réalisée par le peintre Julius Schnorr von Carolsfeld (XIXe s., Allemagne).

Sculpture de Dieu le Père provenant d'une frise (fin du XVe s., France).

FAUT-IL CROIRE EN DIEU ?

Il y a quelques semaines, j'échangeai avec l'un de mes frères, qui s'imagine athée. Comme beaucoup, il voit la religion en termes de croyance : « On y croit ou on n'y croit pas. C'est une question d'opinion personnelle. » Je lui rappelai que cette idée « On y croit ou on n'y croit pas » est toute récente : elle découle du philosophe Kant. Des origines du peuple hébreu à la chrétienté européenne du XVIIIe siècle, la question s'est discutée en termes d'expérience. Quand la Bible dit que « les Hébreux n'ont pas cru en Dieu », ce n'est pas qu'ils étaient athées : c'est qu'ils ne lui ont pas fait confiance ou qu'ils ont fait confiance à un dieu concurrent...

PERCEVOIR LE DIVIN

De nombreux peuples disposent encore de la capacité à percevoir spontanément la présence divine. Allez dans un village d'Afrique subsaharienne. Vous pouvez être chrétien, musulman, animiste, hindouiste ou n'importe quoi d'autre. Mais si vous prétendez « Je suis athée, il n'y a aucune dimension autre que celle perceptible par les sens », on vous regardera comme un original à qui échappe un pan de la réalité.

Force est de le constater : dans toute l'histoire connue de l'humanité, sur toute la surface du globe, aucune civilisation ne s'est bâtie sur des prémisses strictement athées et matérialistes. Aucune civilisation n'a réussi à se convaincre qu'il n'existait pas de dimension invisible, que le monde était plat, sans profondeur. Aucune, sauf la civilisation occidentale (depuis deux siècles et demi) et ses colonies culturelles (les contrées auxquelles elle a imposé sa propre vision du monde).

La présence divine

J'ai cité à mon frère une comparaison établie par Paracelse : « Je plante ce petit grain de blé en terre. Contre toutes les lois de la gravitation, il va surgir de terre un tuyau qui – toujours contre toutes les lois que tu as étudiées – va s'épanouir en un épi sans qu'il y ait besoin d'une main pour l'ouvrir. »

Certes, ça ne prouve pas qu'une religion soit plus vraie qu'une autre. Mais ça prouve l'existence de la vie, ça prouve que la présence divine se comporte comme une pression. La présence divine, c'est la vie en train de s'écouler, c'est une cascade.

Dieu est un dieu vivant qui se révèle, qui aime, qui crée par son souffle et sa parole. Ce dieu vivant est à la fois inaccessible et proche. C'est à la fois un feu fulgurant et une tendre présence. C'est à la fois « Tu ne peux pas voir ma face, car l'homme ne saurait me voir et vivre » (Exode 33) et « La femme oublie-t-elle son nourrisson, oublie-t-elle de montrer sa tendresse à l'enfant de sa chair ? Même si celles-là oubliaient, moi, je ne t'oublierai pas ! » (Livre de Samuel 1)

DIEU EST-IL SEXISTE ?

Dans l'expression « Père éternel », le mot « père » rappelle la filiation entre Dieu (la cause) et l'être humain (l'effet). Le mot « père » ne s'oppose pas au mot « mère ». Rien de machiste ici. Dieu est au-delà de tels qualificatifs. Avant même que Dieu soit appelé « Père » dans la Bible, il est appelé « Dieu des pères », c'est-à-dire « Dieu de nos ancêtres ».

En lisant attentivement la Bible, nous voyons que Dieu peut se manifester comme père ou comme mère. Dans sa manifestation, il est « Dieu père-mère ». Cela est confirmé par le récit de la Genèse, lorsque Dieu crée l'Homme générique, un prototype à son image : « Faisons l'homme à notre image, selon notre ressemblance... »

Le récit déclare ensuite immédiatement que cet homme fait à l'image de Dieu est masculin et féminin. Adam est masculin lorsque Ève est extraite de cet humain « neutre » et que se crée un contraste relationnel : « Dieu créa l'homme à son image, à l'image de Dieu il le créa ; mâle et femelle il les créa. »

En lui-même, Dieu se situe au-delà de telles catégories. Mais dans la façon dont il est perçu par sa création, il est à la fois masculin et féminin, à la fois père et mère.

3

LA MÉDAILLE DE SAINT BENOÎT

QUAND UTILISER CE PENTACLE ?

- Contre les mauvais esprits (lieux, personnes)
- Contre les persécutions, harcèlements, obsessions, cas de possessions...

PRÉSENTATION PAR L'ABBÉ JULIO

EXPLICATIONS

Dans chacun des triangles sphériques se trouve une des quatre lettres suivantes :
C. S. P. B.
qui, en commençant toujours à droite de la croix, veulent dire :
CRUX SANCTI PATRIS BENEDICTI
Croix du saint Père Benoît.

Sur la bande verticale de la croix est écrit :
C. S. S. M. L.
CRUX SACRA SIT MIHI LUX
Que la croix sainte soit ma lumière.

Médaille de paix de saint Benoît.

Sur la bande horizontale est écrit :
N. D. S. M. D.
NON DRACO SIT MIHI DUX
Que le Dragon ne soit point mon guide.

Enfin, sur la bande de l'ellipse, en commençant par le haut et en tournant sur la gauche de la croix, sont imprimées les lettres suivantes :
V. R. S. N. S. M. V. S. M. Q. L. I. V. B.
VADE RETRO, SATANA, NUNQUAM SUADE MIHI VANA ; SUNT MALA QUAE LIBAS, IPSA VENENA BIBAS
Retire-toi, Satan, puisses-tu ne jamais m'inspirer de vanités ; les choses que tu verses sont mauvaises, bois ces mêmes poisons.

Dans la partie supérieure de la bande de l'ellipse, entre la dernière lettre à droite et la première à gauche, on voit sur quelques médailles une croix ✠, sur d'autres le monogramme IHS, qui sont les trois premières lettres du mot *Jésus* en grec (*IHSous*). Tous les deux pour indiquer que la vertu de cette médaille dépend entièrement de la confiance en Jésus-Christ.
Au revers de la plupart des médailles de saint Benoît se trouve son effigie, où il est représenté la croix à la main, comme s'il guérissait quelqu'un.

Statue de saint Benoît en Italie.

APPLICATIONS

On l'emploie [*la médaille ou le pentacle*] avec un succès complet pour se défendre contre toutes attaques des mauvais esprits de la terre, de l'au-delà et des enfers.

On la met dans les maisons, dans les étables, dans les champs, dans tous les endroits qu'on soupçonne infestés ou hantés. On la porte sur soi pour se défendre, on la fait porter aux personnes persécutées, obsédées ou possédées.

Il faut que ces médailles soient bénites et consacrées spécialement par un prêtre de foi, et non par le premier venu. On en demande autant qu'il est nécessaire. Les résultats sont merveilleux.

Cette médaille est toute puissante pour se défendre contre les démons, contre les mauvais esprits désincarnés, contre les suppôts d'enfer qui sont les méchantes gens, contre leurs attaques multiples, infiniment variées et subtiles.

Dire souvent, en latin ou en français, la prière ci-dessous, qui est l'explication de toutes les lettres majuscules que l'on voit sur cette médaille.

Crux Sancti Patris Benedicti.	Ô croix du saint Père Benoît.
Crux Sacra Sit Mihi Lux.	Croix sainte, sois ma lumière.
Non Draco Sit Mihi Dux.	Non, Dragon, ne sois mon Directeur.
Vade Retro Satana !	Va, retire-toi Satan !
Numquam Suade Mihi Vana.	Non, jamais tu ne me persuaderas à moi de suivre tes vanités.
Sunt Mala Quœ Libas :	Ce sont des maux que tu lâches sur nous comme l'eau :
Ipse Venena Bibas	Toi-même, garde tes venins. Bois-les.
I H S	IHS Iesous (Jésus)

Vive Jésus !

POUR ALLER PLUS LOIN

SOURCES BIBLIQUES

On ne trouve évidemment pas de trace de saint Benoît dans les Écritures !

Jésus a été confronté à Satan. Il a vu sa défaite finale. Satan est l'ennemi qui cherche à détourner de Dieu aussi bien Jésus que les disciples. Dans le cas de Jésus, il représentait la tentation du messianisme politique (prendre le pouvoir dans le pays) à laquelle plusieurs, y compris les disciples, auraient voulu que Jésus cède. Il aurait ainsi libéré son peuple de l'occupation romaine et rétabli la monarchie davidique.

Après avoir été vaincu dans le désert, Satan s'est écarté de Jésus pour toute la durée de son ministère, lequel est présenté comme la victoire décisive de Dieu sur le Diable. Mais Satan revient à la charge pour l'assaut suprême au moment de la Passion.

LA MÉDAILLE DE SAINT BENOÎT

Saint Benoît vint au monde en 480. Les tentatives pour en faire l'auteur de la médaille qui porte son nom sont peu convaincantes.

Selon certains textes issus des Bénédictins, la médaille peut être portée sur soi suspendue au cou ou de toute autre manière. On peut encore la plonger dans un verre d'eau et faire boire ensuite de cette eau aux malades, en abreuver ou en laver les animaux. On peut la fixer sur les seuils des portes et sur les murailles, ou quelque autre part que ce soit, voire l'enterrer, en priant toujours Dieu cependant, par l'intercession et par les mérites du patriarche Benoît.

Une médaille de saint Benoît ne peut se prêter, se donner ni se vendre par la personne à qui elle aura été offerte. On peut la trouver facilement dans les boutiques d'articles religieux.

Le pentacle représente les deux faces de cette médaille et se consacre comme les autres pentacles (voir p. 70).

4

LE TRIANGLE DIVIN

QUAND UTILISER CE PENTACLE ?

- Contre les mauvais esprits
- Pour exaucer les souhaits (heureux mariage, réussite dans les études ou les affaires, guérison, contre les calomnies...)

PRÉSENTATION PAR L'ABBÉ JULIO

EXPLICATIONS

Formation, réformation, transformation.

C'est le cycle d'une vie bien employée : qui l'a accompli n'a plus besoin de revenir ici-bas pour expier, à moins d'être missionné pour ses frères.

Le triangle divin avec le Nom sacré de Jéhova.

Le Triangle, image de la Trinité Sainte, et au milieu le Nom sacré du Dieu unique : IEVE.

Dans la première période de formation, on est dans les bas-fonds, on rampe à terre. Dans la deuxième, c'est la réforme de soi-même, l'acquisition des vertus qui font l'homme parfait et sans lesquelles nul ne peut monter dans la connaissance. La troisième, c'est l'illumination, la transformation du pauvre insecte en chrysalide, qui bientôt déploiera ses ailes diaprées pour voler en liberté dans les espaces d'un bonheur sans fin.

Ces trois périodes peuvent demander dix vies et plus. Vous qui me lisez, vous êtes certainement à l'une des trois, laquelle ? Je vous en prie, ne restez pas dans la première.

Au milieu du pentacle, le Nom sacré, centre de l'infini, ou l'infini centre de toutes choses, vers lequel nous aspirons toujours, sans l'atteindre jamais, mais en l'aimant toujours plus.

Moïse devant le buisson ardent, Claude Mellan (XVIIe s., France).

APPLICATIONS

Ce pentacle défend contre les mauvais esprits de la terre, de l'au-delà et des enfers : il nous donne puissance de les commander, non pour les faire servir à nos passions, mais pour les empêcher de faire du mal à soi-même ou à nos frères.

Il nous aide à obtenir une grâce ardemment désirée, comme, par exemple, celle d'un heureux mariage, du choix d'un état de vie, d'un bon examen, d'un succès de fortune, de la réussite dans une affaire importante, de la maladie grave, pour éviter les dangers de l'état militaire, contre les calomnies et dans tous les genres d'afflictions.

POUR ALLER PLUS LOIN

SOURCES BIBLIQUES

L'exergue du pentacle est écrite en alphabet sacré, mais traduite en français par l'abbé Julio : « Formation, réformation, transformation ». Au centre, le Nom sacré de Dieu, le Tétragramme, est en écriture hébraïque.

Moïse se trouve sur le mont Sinaï, face au buisson ardent. Il ne peut regarder Dieu en face. Dieu lui demande d'aller trouver Pharaon pour réclamer la libération du peuple hébreu (Exode 3).

« Moïse dit à Dieu : “Voici ! Je vais aller vers les fils d'Israël et je leur dirai : Le Dieu de vos pères m'a envoyé vers vous. S'ils me disent : Quel est son nom ? – que leur dirai-je ?” Dieu dit à Moïse : “JE SUIS QUI JE SERAI.” Il dit : “Tu parleras ainsi aux fils d'Israël : Je suis m'a envoyé vers vous.” Dieu dit encore à Moïse : “Tu parleras ainsi aux fils d'Israël : Le SEIGNEUR, Dieu de vos pères, Dieu d'Abraham, Dieu d'Isaac, Dieu de Jacob, m'a envoyé vers vous. C'est là mon nom à jamais, c'est ainsi qu'on m'invoquera d'âge en âge”. »

Moïse et le buisson ardent
(gravure du XIXe s.).

Un pentacle : deux versions

Ce pentacle se trouve sous deux versions. La version habituelle : (ci-après) est nommée « Pentacle n° 4 » dans les livres et les boutiques.

Le triangle contient exclusivement en son milieu le mot de quatre lettres – un tétragramme, du grec *tetra*, « quatre » et *gramma*, « lettre » – IHVH (en hébreu hvhi) : c'est la façon dont Dieu se nomme lui-même. L'abbé Julio le traduit par « IEVE », d'autres auteurs par « Yahvé ».

Mais nous avons choisi une autre version de ce pentacle, que l'on trouve dans *Grands Exorcismes et Bénédictions*, car il est plus complet. Dans ce cas, le tétragramme IHVH est surmonté du ש (la lettre *Shin* dans l'alphabet hébreu), ce qui donne un pentagramme (du grec *penta*, cinq).

5
LE MONOGRAMME DU CHRIST

QUAND UTILISER CE PENTACLE ?

- Grande protection (foudre, blessure)
- Guérison (plaie, affection grave, vue, claudication…)
- Pour être en bonne santé
- Pour un rétablissement rapide
- Contre tout ennemi
- Pour exaucer un souhait

PRÉSENTATION PAR L'ABBÉ JULIO

EXPLICATIONS

Car, à partir de ce moment, de persécutée elle [*l'Église*] devint persécutrice, de chrétienne elle devint païenne, par le pape qui coiffa la tiare du grand pontificat de Cybèle. L'empereur civil alla à Constantinople pour laisser la place à Rome à l'empereur religieux : et c'est ainsi qu'ils se partagèrent le monde : mais le second avec la pensée secrète de détruire le premier. Cet empire universel, cette prééminence du spirituel sur le temporel, cette domination des âmes et des corps, a été, depuis Constantin, est encore et sera toujours le rêve de la papauté, rêve poursuivi avec une inlassable patience, une ténacité merveilleuse à travers tous les siècles. C'est, sans contredit, la ruine totale de l'œuvre du Christ, œuvre tout entière à refaire socialement, œuvre en train de se reconstruire dans le silence des catacombes nouvelles, œuvre qui s'épanouira au grand soleil quand la papauté sera entièrement morte.

In hoc signo vinces.
Ce qui signifie : « Par ce signe ✞ vous vaincrez. »
Oui, par le signe de la croix, par vous, notre Seigneur Jésus-Christ, nous triompherons de tous, de l'antéchrist romain, clairement annoncé dans l'Apocalypse, foulant aux pieds, écrasant depuis bientôt deux mille ans, pendant les deux longues nuits de l'ensevelissement du Christ en un tombeau, la sainte épouse du Christ.

Adveniat regnum tuum ! Elle s'approche et je l'entrevois, l'aurore de ta résurrection, ô Christ ! L'aurore de la rénovation, ô Église universelle du Christ !

Fragment de linteau de l'époque byzantine. La cocarde centrale représente le monogramme du Christ enchâssé dans une croix (IVe-Ve s.).

APPLICATIONS

Ce pentacle est un signe de triomphe et de grande protection pour recevoir une grâce quelconque que l'on désire ardemment obtenir.

Il est une garde contre tout ennemi, et surtout contre toutes les embûches des démons. Il défend contre la foudre. Il préserve des blessures de toutes armes. Il entretient la bonne

L'empereur Constantin, lors de la bataille du pont Milvius, en périphérie de Rome.

santé, ou en hâte le rétablissement. Il aide à la guérison des plaies, même de la lèpre et autres affections graves. Les boiteux et ceux qui sont menacés de perdre la vue s'en servent utilement, pour que le mal n'augmente pas ou ne s'aggrave pas trop.

Il obtient, quand l'heure est venue, la grâce d'une bonne et douce mort. Ainsi soit-il pour vous et pour moi !

POUR ALLER PLUS LOIN

SOURCES BIBLIQUES

La phrase en exergue sur le pentacle n'a pas d'origine biblique, mais historique.

En hébreu ancien, le messie (le mot signifie « oint ») est celui qui a reçu l'onction de Dieu. Ce mot « oint » se traduit par le grec ancien *christos*. Il devint le latin *Christus*, puis le français « Christ ». Les chrétiens reconnaissent ce qualificatif à Jésus de Nazareth.

LE SONGE DE CONSTANTIN

Le signe autour duquel on lit *In hoc signo vinces* figurait sur l'étendard de Constantin Ier quand il marcha contre son rival Maxence et le battit à la bataille du pont Milvius en 312. Par la suite, Constantin déclara qu'il avait vu en songe cette image accompagnée du message : « Par ce signe tu vaincras » (*In hoc signo vinces*).

Cet événement aurait entraîné la conversion de l'empereur, conversion qui assura le triomphe du christianisme. Ce triomphe fut aussi l'origine de ses déboires, car il devait amener le christianisme à se mêler de politique en devenant plus tard religion d'État.

LECTURE DU MONOGRAMME

Le chrisme (☧), symbole chrétien, est formé des deux lettres grecques X (chi) et P (rhô), la première apposée sur la seconde. Il s'agit des deux premières lettres du mot Χριστός (*Christos*). On le lit aussi parfois comme « le monogramme du Christ », et on le trouve souvent accompagné des lettres α (alpha) et ω (oméga). Ces lettres, première et dernière lettre de l'alphabet grec, symbolisent le commencement et la fin de tout.
En réalité, l'association de ces deux lettres pour former un symbole préexiste à Constantin et au moment où il manifesta sa faveur au christianisme. Dans le monde grec païen, c'était l'abréviation du mot χρηστός (*chrêstos*), qui signifie « utile, de bon augure » et il indiquait soit un souhait soit un commentaire approbateur.

Le symbole fut adopté par le christianisme et il servit d'emblème aux empereurs chrétiens qui succédèrent à Constantin.

Quant au fouet, aux clous, au marteau et à l'éponge fixée à un bâton qui sont représentés à chaque angle, ils sont les instruments de la Passion du Christ, qui a été flagellé, puis cloué à la croix avant qu'on lui tende une éponge imbibée de vinaigre pour étancher sa soif.

Chrisme du monastère grec orthodoxe de Saint Thecla (Maaloula, Syrie).

Plaque pendentif frappée du monogramme du Christ, époque byzantine (IVe-Ve s.).

6

LA SAINTE FACE DE NOTRE SEIGNEUR JÉSUS-CHRIST

QUAND UTILISER CE PENTACLE ?

- Protection contre les maladies (hommes et animaux domestiques)
- Harmonie dans les couples (rétablir la paix)
- Disputes, dissensions, procès

PRÉSENTATION PAR L'ABBÉ JULIO

EXPLICATIONS

Cette figure représente la Sainte Face de notre Seigneur Jésus-Christ imprimée sur le linge dont se servit une pieuse femme pour essuyer le visage du Maître, lors de sa douloureuse Passion et dans sa montée au calvaire.

Cette image est entourée des divers instruments de la Passion : la colonne à laquelle Jésus-Christ fut attaché pendant sa cruelle flagellation, les fouets et lanières qui le déchirèrent, l'éponge dont on se servit pour étancher sa soif et la lance qui le transperça.

APPLICATIONS

Cette figure est d'une grande puissance contre les maladies des hommes, et spécialement contre toutes les maladies quelconques des animaux qui sont à l'usage de l'homme : elle les protège et les préserve. Il suffit qu'elle soit dans les maisons, dans les étables, écuries, porcheries, bergeries, etc.

On peut y écrire au dos, avant de la bénir et de la consacrer, la prière *Pax Domini*, et alors elle sert à rétablir la paix dans les ménages désunis, à faire cesser les discussions, les disputes, les dissensions, les haines, les procès et tous les désagréments de la part des personnes méchantes ou insupportables.

POUR ALLER PLUS LOIN

SOURCES BIBLIQUES

Les Évangiles ne disent rien du visage miraculeusement imprimé sur le linge. En revanche, les instruments de la Passion (le fouet, la couronne d'épines, la lance, l'éponge imbibée de vinaigre au bout d'un pilum) sont bien présents (Évangiles de Matthieu, Marc, Luc et Jean).

L'éponge aurait été fixée au bout d'une tige d'hysope (dans le texte grec *hussôpô*). La souplesse rend la chose improbable. Or, l'arme du légionnaire qu'est le pilum se dit *hussô* : un scribe a dû passer d'un mot à l'autre.

Sur les représentations habituelles des outils de la Passion, les marteaux et les clous pour fixer les condamnés sur les croix sont souvent présents. Sans oublier les échelles pour accéder aux corps et les tenailles pour les libérer.

Dans le tracé de l'éponge et de la lance sur le pentacle présenté, nous avons respecté l'orientation choisie par Julio dans le « Monogramme du Christ ».

LE MANDYLION

Sainte Véronique au voile, Mattia Pretti (XVIIe s., Italie).

Le Mandylion ou Image d'Édesse est une relique consistant en une pièce de tissu rectangulaire sur laquelle l'image du Christ (ou Sainte Face) se serait miraculeusement imprimée de son vivant. Pour l'Église orthodoxe, il s'agit de la première icône (du grec *icon*, « image »).

La première mention de l'existence d'une image physique du Christ remonte au VIe siècle, dans l'antique ville d'Édesse. Cette image fut transportée à Constantinople au Xe siècle, mais le tissu en disparaît au cours de la quatrième croisade en 1204 puis réapparaît en tant que relique conservée par saint Louis à la Sainte Chapelle. Il disparaît définitivement lors des saccages perpétués par les républicains pendant la Révolution française.

LE VOILE DE VÉRONIQUE

Véronique (ou Bérénice) est un personnage de la tradition chrétienne, dont la légende s'est développée entre le VIIe siècle et le VIIIe siècle sur le modèle de celle de l'Image d'Édesse (le Mandylion).

Dans sa version la plus connue, il s'agit d'une femme pieuse de Jérusalem qui, poussée par la compassion lorsque Jésus-Christ portait sa croix au Golgotha, lui donna son voile pour qu'il puisse s'essuyer le front. Jésus accepta et, après s'en être servi, le lui rendit avec l'image de son visage qui s'y était miraculeusement imprimée. L'iconographie chrétienne représente traditionnellement Véronique tenant un tissu où s'est imprimé le visage de Jésus.

Cet épisode n'apparaît pas dans le Nouveau Testament, mais à partir du IVe siècle, le nom de Bérénice (de *Berenikê*, mot macédonien signifiant « qui porte la victoire », latinisé en « Véronique ») est donné à une femme anonyme guérie miraculeusement par Jésus dans les Évangiles de Matthieu, Marc et Luc.

LA SAINTE FACE

Dans le texte de l'abbé Julio, une phrase accompagne le pentacle de « la Sainte Face de notre Seigneur Jésus-Christ » : « Ces formules sont celles dont se servait M. Dupont, le saint homme de Tours, quand il opérait tant de guérisons par les onctions de l'huile de la lampe, brûlant devant la Sainte Face de notre Seigneur Jésus-Christ. » Cette Sainte Face, qu'est-elle ? Et ce M. Dupont, qui est-il ?

>> Le trésor de la basilique Saint-Pierre

À Rome, la basilique Saint-Pierre ne renferme pas seulement la tombe de Pierre. Au cours des siècles, son « trésor » a été enrichi d'importantes reliques, dont le voile de la pieuse femme qui, sur le chemin du Calvaire, aurait essuyé le visage ensanglanté du Christ. Ce voile avait reçu le nom de « *veronica* », contraction et latinisation de *veron 'ikon*, que l'on peut traduire par « image véritable ». Sur ce voile, il s'agissait probablement d'une empreinte laissée par les matières épongées lors du contact direct, et non d'une projection, d'où une image déformée. Vous obtiendrez quelque chose de semblable si vous vous barbouillez la figure avec de la suie et que vous vous essuyez ensuite avec un linge : en l'appliquant sur toute la surface du visage, vous aurez ensuite votre propre portrait. Mais vos traits seront déformés par une sorte d'amplification, puisque tous les contours de ce qui est en relief se retrouveront développés à plat. Le voile miraculeux n'est plus exposé à la vénération des foules de nos jours, l'image figurant sur le voile étant si estompée qu'elle est devenue presque imperceptible à l'œil.

>> L'apparition miraculeuse de la Sainte Face

Le samedi 6 janvier 1849, les chanoines de la basilique vaticane, ainsi qu'une foule de fidèles, étaient à genoux en présence des reliques majeures solennellement exposées.

La Sainte Face est le visage du Christ, qui, selon la tradition, s'est miraculeusement imprimé sur un linge. Les principales reliques de la Sainte Face sont le *Mandylion* et le *Voile de Véronique*.

Sainte Véronique et le voile, Hieronymus Wierix (XVIe-XVIIe s., Hollande).

Tous purent soudain observer que sur la « Véronique », l'image estompée devenait de plus en plus nette et reformait le visage vivant de notre Seigneur Jésus-Christ. Les déformations en avaient disparu, parce que les amplifications dues à l'aplatissement des traits avaient retrouvé leur relief. C'était bien le visage de l'Homme des douleurs décrit par Isaïe, saisi comme par un instantané sur le chemin montant au Golgotha.

En 1849, les pèlerins présents dans la basilique Saint-Pierre n'avaient pas d'appareils photographiques pour immortaliser cette manifestation miraculeuse. Le seul moyen dont on disposait pour garder le souvenir et propager l'image de ce miracle fut donc la gravure. Selon les déclarations des témoins, un graveur tenta de rendre les traits de l'apparition et l'on procéda à des impressions – non seulement sur papier mais aussi sur tissu – de l'image ainsi obtenue. Ces reproductions furent diffusées par les chanoines de la basilique vaticane avec un certificat d'authenticité portant le sceau de cire rouge du Chapitre.

>> Le saint homme de Tours

À ce stade de notre étude, nous rencontrons Léon Papin-Dupont (1797-1876), surnommé « le saint homme de Tours ». Nous lui devons l'initiative des fouilles qui permirent la redécouverte du tombeau de saint Martin, perdu en raison de la destruction – lors de la Révolution – de l'antique basilique qui lui servait d'écrin. Il fut un chrétien très actif dans les œuvres de charité et pour le renouveau spirituel catholique du milieu du XIXe siècle.

À la suite de l'apparition de la Sainte Face sur le voile dit de Véronique, M. Dupont avait obtenu un fac-similé de cette relique. Le mercredi saint 1851, il plaça dans sa chambre une image de la Sainte Face offerte par les sœurs du Carmel de Tours : « Cette image de la divine Face du Sauveur des hommes, me dis-je en moi-même, peut-elle être exposée dans la maison d'un chrétien pendant cette grande semaine de la Passion, sans qu'un signe extérieur de respect, d'adoration et d'amour lui soit donné ? Et voilà comment j'eus aussitôt la pensée d'allumer cette lampe devant la Sainte Face. »

M. Dupont prit l'habitude de pratiquer des onctions avec l'huile de la lampe et d'en distribuer de petites fioles. De nombreuses personnes ressentirent des effets bénéfiques lors de maladies graves. À sa suite, les chapelains et les responsables successifs de l'oratoire entretinrent cet usage. Des fidèles du monde entier demandaient à recevoir cette huile.

>> La fête de la Sainte Face

Tous les membres de la famille Martin d'Alençon (puis de Lisieux) étaient membres de l'Archiconfrérie de la Sainte Face. La petite dernière, Thérèse, fut profondément marquée par cette dévotion, très implantée au carmel de Lisieux, et choisit de porter en religion le nom de sœur Thérèse de l'Enfant-Jésus et de la Sainte-Face, avant de devenir sainte Thérèse de Lisieux.

En 1958, Pie XII a officiellement déclaré que la fête de la Sainte Face de Jésus aurait lieu le mardi précédant le mercredi des Cendres (mardi gras) pour tous les catholiques romains. Dans le missel, ce mardi dans la Quinquagésime devint pour de nombreux diocèses la Fête de la Sainte Face de notre Seigneur Jésus-Christ.

L'onction d'huile

L'huile continue de brûler devant la Sainte Face. Il est possible de s'en procurer en écrivant à l'oratoire de Tours (8, rue Bernard-Palissy, 37000 Tours) qui a été préservé. Il est également possible de faire brûler soi-même de l'huile devant une image de la Sainte Face (téléchargeable sur Internet). Dans les deux cas, quelle formule employer pour l'onction d'huile ? Voici celles auxquelles recourait M. Dupont, « le saint homme de Tours, quand il opérait tant de guérisons par les onctions de l'huile de la lampe, brûlant devant la Sainte Face de notre Seigneur Jésus-Christ », selon l'abbé Julio :

« Que Dieu lui-même confectionne et perfectionne ces onctions de santé ! Au nom ✞ du Père, ✞ et du Fils, ✞ et du Saint-Esprit. Ainsi soit-il !
Que la croix sainte te soit ✞ lumière, ✞ santé et bénédiction dans la volonté de notre Seigneur Jésus-Christ. Ainsi soit-il !
Que les saints noms de Jésus, de Marie et de Joseph soient ✞ connus, ✞ bénis, ✞ et glorifiés par toute la terre. Ainsi soit-il ! »

Témoignage

Voici un exemple où l'on sent que ce pentacle travaille à la guérison des émotions, sans qu'il y ait d'objectif particulier.

« J'ai rêvé qu'un de mes oncles me parlait de mon frère qui s'est suicidé en 1992. Il me disait que mon frère allait mourir et qu'il fallait que je lui fasse un pentacle (cet oncle est on ne peut plus cartésien), et que j'y associe une prière ! Il me montrait le pentacle en question (le n° 6 après vérification rapide ce matin avant d'aller travailler). Dans mon rêve, je me souviens avoir été interloquée en me disant qu'il était incroyable que je n'aie pas su que mon frère allait mourir, avant de réaliser qu'il l'était déjà. Et toutes les sensations vécues lors de ce suicide sont revenues en un temps ultra-concentré, ce qui m'a réveillée... Je pense que je vais commencer par ce pentacle, après étude de son message. »

7

LA LAMPE DES CATACOMBES

QUAND UTILISER CE PENTACLE ?

- Bonheur en amour
- Contre un ennemi (connu ou caché)
- Retrouver ce qui est perdu
- Faire la lumière sur une situation confuse
- En cas de calomnies

PRÉSENTATION PAR L'ABBÉ JULIO

EXPLICATIONS

La lampe des catacombes éclairait les ténèbres : la lumière du Christ et de l'Évangile dissipe toutes les ombres. Avec cette lumière, nous ne pouvons plus nous égarer.
C'est la lampe que doivent sans cesse porter allumée les vierges sages pour ne pas être surprises par l'arrivée inopinée de l'époux : c'est-à-dire la lumière de la grâce doit briller en nous d'un vif éclat par la dignité de la vie et la charité pour nos frères ; et alors nous pouvons, à chaque instant, et sans crainte aucune, paraître devant notre juge.

APPLICATIONS

Les applications ressortent des paroles écrites en exergue autour de la lampe qui brille : *Que ceux qui m'outragent soient éloignés par Dieu* loin de celui qui porte ce signe et prie avec confiance. Combien de pauvres âmes, même intelligentes, mais sans force à cause de leur droiture et de leur loyauté, sont incapables de résister au mal et aux suppôts du mal qui les attaquent de tous côtés pour les outrager, les dépouiller effrontément et profiter de leur faiblesse. Leur isolement fait leur perte.
Nous avons tout ce qu'il faut pour les défendre, soit par nos livres, soit par les prières sur parchemins, neuvaines, croix, signes et médailles. Ce pentacle est donc tout puissant pour se défendre de tous ses ennemis, cachés ou connus, visibles ou invisibles de la terre ou de l'au-delà !
Avec la prière sur parchemin *Kyrie clementissime* pour un heureux mariage (voir prière n° 2, p. 261), bénite et consacrée, il hâte un heureux mariage. On peut aussi le porter pour éviter les dangers de l'état militaire ou de guerre. De même si l'on est victime d'odieuses calomnies, ou que l'on soit plongé dans de grandes afflictions. Il éclaire une intelligence endormie.
Le mal fuit la lumière. Ce pentacle est idéal pour faire la lumière sur ce qui n'est pas clair, pour voir le visage de l'esprit pervers qui se tapit dans l'ombre, pour retrouver ce qui est perdu.

POUR ALLER PLUS LOIN

Dans son explication, l'abbé Julio fait référence à la parabole des dix vierges (Évangile de Matthieu 25).

Voici le texte de la parabole :
« Alors il en sera du Royaume des cieux comme de dix jeunes filles qui prirent leurs lampes et sortirent à la rencontre de l'époux. Cinq d'entre elles étaient insensées et cinq étaient avisées. En prenant leurs lampes, les filles insensées n'avaient pas emporté d'huile ; les filles avisées, elles, avaient pris, avec leurs lampes, de l'huile dans des fioles. Comme l'époux

La femme à la lampe, Schwartz (XIXe s., France).

tardait, elles s'assoupirent toutes et s'endormirent. Au milieu de la nuit, un cri retentit : "Voici l'époux ! Sortez à sa rencontre." Alors toutes ces jeunes filles se réveillèrent et apprêtèrent leurs lampes. Les insensées dirent aux avisées : "Donnez-nous de votre huile, car nos lampes s'éteignent." Les avisées répondirent : "Certes pas, il n'y en aurait pas assez pour nous et pour vous ! Allez plutôt chez les marchands et achetez-vous en pour vous." Pendant qu'elles allaient en acheter, l'époux arriva ; celles qui étaient prêtes entrèrent avec lui dans la salle des noces, et l'on ferma la porte. Finalement, arrivent à leur tour les autres jeunes filles, qui disent : "Seigneur, seigneur, ouvre-nous !" Mais il répondit : "En vérité, je vous le déclare, je ne vous connais pas." Veillez donc, car vous ne savez ni le jour ni l'heure. »

La lampe apparaît à de fréquentes reprises dans les Écritures. Voici quelques citations où elle sert à mettre en lumière ce qui est dans l'obscurité :
« Ou encore, quelle femme, si elle a dix pièces d'argent et qu'elle en perde une, n'allume pas une lampe, ne balaie la maison et ne cherche avec soin jusqu'à ce qu'elle l'ait retrouvée ? Et quand elle l'a retrouvée, elle réunit ses amies et ses voisines, et leur dit : "Réjouissez-vous avec moi, car je l'ai retrouvée, la pièce que j'avais perdue !" »
« Personne n'allume une lampe pour la recouvrir d'un pot ou pour la mettre sous un lit ; mais on la met sur un support pour que ceux qui entrent voient la lumière. Car il n'y a rien de secret qui ne paraîtra au jour, rien de caché qui ne doive être connu et venir au grand jour. »

JÉSUS EST LUMIÈRE

« Dieu est lumière, et de ténèbres, il n'y a pas trace en lui », lit-on dans les Écritures.
« La lumière du Christ et de l'Évangile dissipe les ombres », écrit l'abbé Julio.
Dans l'Évangile, c'est Jésus qui est la lumière, mais en tant qu'il vient de Dieu et le révèle. Dans l'Évangile de Jean, on lit :
« En lui était la vie et la vie était la lumière des hommes, et la lumière brille dans les ténèbres, et les ténèbres ne l'ont point comprise. »
« Il y eut un homme, envoyé de Dieu : son nom était Jean. Il vint en témoin, pour rendre témoignage à la lumière, afin que tous croient par lui. »

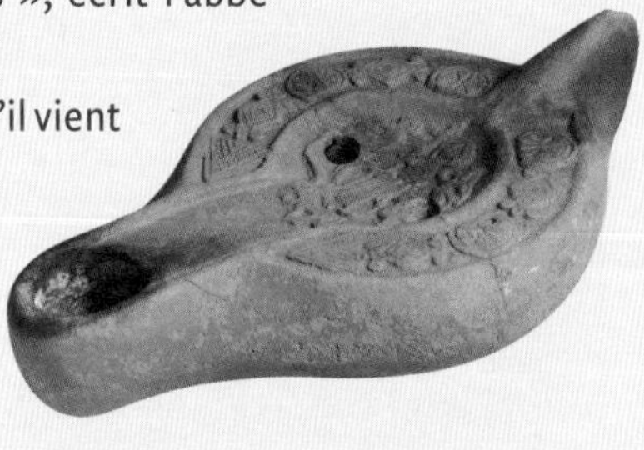

Lampe en poterie montrant le Christ piétinant les démons (Ve s., probablement Tunisie).

« Et le jugement, le voici : la lumière est venue dans le monde, et les hommes ont préféré l'obscurité à la lumière parce que leurs œuvres étaient mauvaises. »
« Tant qu'il fait jour, il nous faut travailler aux œuvres de celui qui m'a envoyé : la nuit vient où personne ne peut travailler : aussi longtemps que je suis dans le monde, je suis la lumière du monde. »
« Moi, la lumière, je suis venu dans le monde, afin que quiconque croit en moi ne demeure pas dans les ténèbres. »

QUE LA LUMIÈRE SOIT

Au quatrième jour de la création, Dieu crée les luminaires : Soleil, Lune et étoiles. C'est la lumière physique.
Or, il y avait de la Lumière avant le Soleil et la Lune, les sources de la lumière naturelle. Au commencement, dès le premier jour, la lumière baigne toute la création : « Et Dieu dit : "Que la lumière soit !" Et la lumière fut. »
Le premier chapitre de la Genèse relate la création du monde. Il n'est que le début de la Bible, sa première page. Mais à la dernière page (la fin de l'Apocalypse), on lit que, pour les serviteurs de Dieu, « il n'y aura plus de nuit, nul n'aura besoin de la lumière du flambeau ni de la lumière du soleil, car le Seigneur Dieu répandra sur eux sa lumière, et ils règneront aux siècles des siècles ».
Dans l'Apocalypse, le Christ se présente comme « l'étoile brillante du matin ». Cette Lumière qui est au-delà de toute lumière, cette lumière qui existe avant la création du Soleil et de la Lune, c'est la Lumière-sans-limite qui baigne toute la création. C'est elle qui nous divinise, c'est elle qui nous fait devenir « fils de lumière » (Évangile de Jean).

Témoignage

Thierry a quitté un groupe à prétention initiatique, mais qui était devenu un panier de crabes. Des rumeurs infamantes sont lancées à son encontre. Il fait appel au pentacle n° 7 « La lampe des catacombes », qui a pour objectif d'éclairer les situations obscures. Peu de temps après, l'un de ses amis découvre l'auteur des rumeurs qui déverse ces affabulations. Les masques sont tombés. L'intéressé utilisait cette stratégie pour asseoir sa domination personnelle sur un groupe manipulable.

8

LA PLAIE DU CÔTÉ DE NOTRE SEIGNEUR JÉSUS-CHRIST

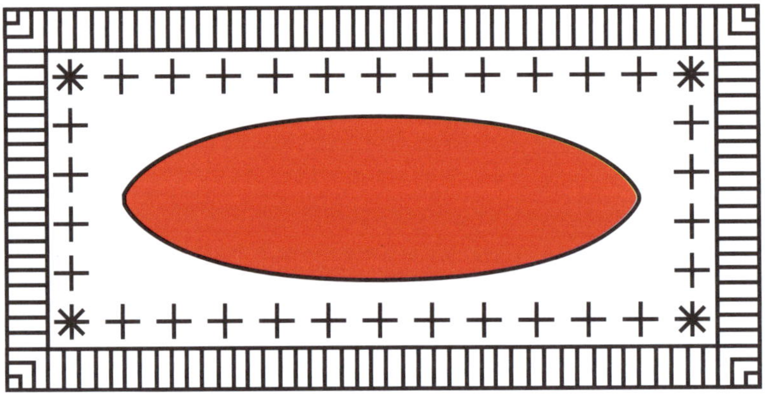

QUAND UTILISER CE PENTACLE ?

- Contre tous les maux
- Grande protection dans tous les projets
- Victoire contre tout ennemi
- Femmes enceintes et troubles du cycle menstruel
- Protection contre des pertes matérielles
- Protection contre une mort subite

PRÉSENTATION PAR L'ABBÉ JULIO

EXPLICATIONS

Ce signe représente la plaie faite par la lance au côté droit de notre Seigneur Jésus-Christ, attaché à la croix.

APPLICATIONS

Quiconque le portera et aura une grande dévotion aux cinq plaies de notre Seigneur Jésus-Christ, et récitera en leur honneur cinq *Pater* et cinq *Ave* en éprouvera un grand soulagement dans ses maux, une grande protection dans ses entreprises, une grande défense, et même une grande victoire contre ses ennemis, voisins ou éloignés, visibles ou invisibles.

Tout spécialement ce signe doit être porté par les femmes enceintes pendant le temps de la parturition [*grossesse*] et au moment de l'enfantement. Il est souverain en cas d'accouchement difficile. Les jeunes filles ou les femmes peuvent le porter pour obvier [*faire face*] à certains moments difficiles [*pertes et règles douloureuses*]. Il est absolument certain que, bénit et consacré, il arrête ou régularise les pertes.
Par application morale, il empêche les pertes matérielles ou répare les dommages provenant de la ruine ou d'une catastrophe soudaine. De même, il préserve de la mort subite.
Nous conseillons aux personnes affligées de l'une de ces maladies [du sang] de porter le pentacle de la plaie du côté de notre Seigneur Jésus-Christ. Elles en obtiendront amélioration immédiate et même guérison complète, en raison directe de l'amplitude de leur foi.

Le doute de saint Thomas, artiste inconnu (XVIIIe s., Italie).

POUR ALLER PLUS LOIN

SOURCES BIBLIQUES

L'essence humaine du Christ, son corps vivant et animé, s'est divisé sur la croix. Il a donné au monde son sang et son eau, tandis que son corps, privé de ceux-ci, fut enseveli, puis ressuscita. Le sang du Christ exprime son humanité, alors que l'eau est l'élément premier de la matière du monde, d'où celui-ci a été formé à l'origine.

Le sang et l'eau qui se sont écoulés dans le monde y demeurent. Par ce flot du sang et de l'eau qui ont jailli de son flanc, la création entière a été sanctifiée, irradiée.

Dans l'Évangile de Jean, on lit : « Cependant, comme c'était le jour de la Préparation, les autorités juives, de crainte que les corps ne restent en croix durant le sabbat – ce sabbat était un jour particulièrement solennel –, demandèrent à Pilate de leur faire briser les jambes et de les faire enlever. Les soldats vinrent donc, ils brisèrent les jambes du premier, puis du second de ceux qui avaient été crucifiés avec lui. Arrivés à Jésus, ils constatèrent qu'il était déjà mort et ils ne lui brisèrent pas les jambes. Mais un des soldats, d'un coup de lance, le frappa de côté, et aussitôt il en sortit du sang et de l'eau. Celui qui a vu a rendu témoignage, et son témoignage est conforme à la vérité, et d'ailleurs celui-là sait qu'il dit ce qui est vrai afin que vous aussi vous croyiez. »

En effet, tout cela est arrivé pour que s'accomplisse l'Écriture : « Pas un de ses os ne sera brisé. » Un autre passage de l'Évangile dit : « Ils verront celui qu'ils ont transpercé. »

Le doute de saint Thomas, peinture sur bois, artiste inconnu (xve s., cathédrale Cristo Salvador d'Avila, Espagne).

Livre de prière de Bonne de Luxembourg, attribué à Jean Le Noir (XIVe s., France).

LA REPRÉSENTATION DES CINQ PLAIES

Le Christ est ressuscité. Mais les cinq plaies étaient toujours visibles et palpables. Par elles, le feu du Saint-Esprit (le souffle sacré) passe d'un monde à l'autre, ce qu'illustre la consécration de la pierre d'autel sur laquelle doivent être posés le pain et le vin dans la liturgie traditionnelle. Sur cette pierre d'autel, cinq croix – une à chaque angle et une au centre – sont gravées. Lors de la consécration, elles sont enduites d'huile puis enflammées.

Bien que l'abbé Julio fasse allusion aux cinq plaies (les deux mains, les deux pieds, la plaie du côté) dans ses conseils d'applications, il représente la plaie du cœur sur son pentacle.

Nous pouvons la nommer « plaie du cœur » parce que l'expérience médicale (reproduite à de multiples reprises sur des cadavres) le confirme. Le coup de lance donné dans le côté droit a atteint le cœur, en perforant le péricarde. Ce que confirme le Saint Suaire qui, même s'il n'est pas celui qui enveloppa le corps du Christ, reste celui d'un personnage crucifié dans des conditions similaires.

Après avoir représenté les cinq plaies sous forme allégorique, l'iconographie chrétienne s'enhardit jusqu'à donner à celle de la plaie latérale une forme plus voisine de celle que dut laisser sur le corps le passage du fer de la lance. Le coup porté par cette arme fut donc figuré parfois comme un croissant et, le plus souvent, par une ellipse rouge très allongée, comparable à la coupe transversale d'un fer de lance. Pour mieux caractériser cette figure, des gouttes de sang s'en échappent d'ordinaire et tombent à terre.

9

LE CHIFFRE DE MARIE

QUAND UTILISER CE PENTACLE ?

- Cauchemars et insomnies
- Peurs des enfants
- Obsessions, phobies

PRÉSENTATION PAR L'ABBÉ JULIO

EXPLICATIONS

Exergue de la présente gravure : *Scuto circumdabit te veritas ejus : non timebis a timore nocturno.*
Ce qui signifie : « La Vérité t'entourera comme un bouclier : tu n'auras rien à craindre des épouvantes nocturnes. »

La croix dans l'M kabbalistique. Lisez Proverbes 8, 22 et suivants que l'Église applique à Marie et vous comprendrez, peut-être, ce qu'est Marie avant tous les siècles. Il ne nous est pas permis encore d'écarter tous les voiles ; mais à qui sait deviner, il faut dire peu. Celui qui sait qu'il ne sait pas ne sait pas qu'il sait :
« Le SEIGNEUR m'a engendrée, prémices de son activité, prélude à ses œuvres anciennes. J'ai été sacrée depuis toujours, dès les origines, dès les premiers temps de la terre. Quand les abîmes n'étaient pas, j'ai été enfantée, quand n'étaient pas les sources profondes des eaux. Avant que n'aient surgi les montagnes, avant les collines, j'ai été enfantée, alors qu'Il n'avait pas encore fait la terre et les espaces ni l'ensemble des molécules du monde. Quand Il affermit les cieux, moi, j'étais là, quand Il grava un cercle face à l'abîme, quand Il condensa les masses nuageuses en haut et quand les sources de l'abîme montraient leur violence ; quand Il assigna son décret à la mer – et les eaux n'y contreviennent pas – ; quand Il traça les fondements de la terre. Je fus le maître d'œuvre à son côté, objet de ses délices chaque jour, jouant en sa présence en tout temps, jouant dans son univers terrestre ; et je trouve mes délices parmi les hommes. »

APPLICATIONS

Au point de vue catholique, bien entendu, ce signe veut dire qu'on obtient tout par Marie [...]
Ce signe doit être porté pour se défendre et se protéger, ou contre la peur chez les enfants, contre les attaques nocturnes des esprits mauvais, contre les cauchemars, les insomnies, les épouvantements, les mauvais bruits, les visions troublantes, les hantises, les obsessions, les possessions.

POUR ALLER PLUS LOIN

SOURCES BIBLIQUES

La phrase en alphabet sacré inscrite en exergue autour du pentacle est extraite du Psaume 91. Nous rencontrerons également le Psaume 91 dans les pentacles 33 et 35 (p. 196 et 206).

Dieu protège ceux qui le prennent pour abri. Le psaume met en avant l'aspect féminin de Dieu en le comparant à la poule qui protège ses poussins : « De ses ailes il te fait un abri, et sous ses plumes tu te réfugies. » Les rabbins recommandent de réciter ce psaume pour être à l'abri des dangers et des menaces qu'il mentionne.
Ainsi, « l'expérience » d'un régiment britannique composé de cent soldats placés sous les ordres du colonel Whittlesey est restée dans les annales britanniques. Un accord fut passé entre les autorités et Frederick L. Rawson, qui était en dialogue avec Basil Wilberforce, l'archidiacre de l'abbaye de Westminster : chaque soldat, chaque officier devait apprendre par cœur et répéter ce Psaume 91. Ce régiment resta sur le front pendant plus de quatre ans lors de la Première Guerre mondiale. Au retour du régiment, pas un seul soldat ne manquait à l'appel. Tous survécurent sans une égratignure.

Manifestations miraculeuses de la Vierge Marie, Joseph Rudnicke (XIXe siècle).

LE MYSTÈRE DE MARIE ET L'ARCHE D'ALLIANCE

L'Arche d'alliance, demeure de Dieu, est considérée comme le prototype de Marie, demeure de Dieu dans les derniers temps. À l'habitation de la Présence divine dans le Temple répond l'Incarnation du Fils dans le sein de la Vierge Marie.

L'Arche d'alliance, demeure de Dieu dans le Temple (Ancien Testament, Sophonie 3)	Marie, demeure de Dieu dans les derniers temps (Évangile de Luc 1)
Crie de joie, fille de Sion.	Sois joyeuse, toi qui as la faveur de Dieu.
Le roi d'Israël, le SEIGNEUR lui-même, est au milieu de toi.	Le Seigneur est avec toi.
N'aie pas peur, Sion.	Sois sans crainte, Marie.

Dans la Genèse, l'Esprit/le souffle de Dieu rend fécondes les Eaux ténébreuses. Là encore, nous notons une analogie avec Marie, fécondée par ce même souffle de Dieu.

Analogie de la création du monde parfait et de la création du Nouvel Homme (Genèse 1 et Évangile de Luc 1)	
La terre était déserte et vide, et la ténèbre à la surface de l'abîme.	Le sixième mois, l'ange Gabriel fut envoyé de Dieu [...] à une vierge [...]
Le souffle de Dieu planait à la surface des eaux.	L'Esprit Saint [*le souffle sacré*] viendra sur toi et la puissance du Très-Haut te couvrira de son ombre.
Dieu vit tout ce qu'il avait fait. Voilà, c'était très bon... Telle est la naissance du ciel et de la terre lors de leur création.	C'est pourquoi celui qui va naître sera saint et sera appelé Fils de Dieu.

L'Arche d'alliance, détail d'un vitrail de la cathédrale Notre-Dame de Paris.

Couronnement de la Vierge (gravure sur bois, XIXe s., Allemagne).

MARIE INCARNE LA FEMME DE L'APOCALYPSE

La maternité terrestre de la Vierge est un événement historique localisé dans le temps et l'espace. Pour comprendre le rôle de Marie, il faut tout d'abord lire cette citation de l'Apocalypse :

« Un grand signe apparut dans le ciel : une femme, vêtue du soleil, la lune sous les pieds, et sur la tête une couronne de douze étoiles. Elle était enceinte et criait dans le travail et les douleurs de l'enfantement. Alors un autre signe apparut dans le ciel : c'était un grand dragon rouge feu. Il avait sept têtes et dix cornes et, sur ses têtes, sept diadèmes. Sa queue, qui balayait le tiers des étoiles du ciel, les précipita sur la terre. Le dragon se posta devant la femme qui allait enfanter, afin de dévorer l'enfant dès sa naissance. Elle mit au monde un fils, un enfant mâle ; c'est lui qui doit mener paître toutes les nations avec une verge de fer. Et son enfant fut enlevé auprès de Dieu et de son trône. Alors la femme s'enfuit au désert, où Dieu lui a fait préparer une place... »

Hors du temps et de l'espace, le Fils de Dieu est engendré. Ce processus, cet archétype, est imagé par la femme « vêtue de soleil, la lune sous les pieds, et sur la tête une couronne de douze étoiles ». La Vierge Marie, un personnage en chair et en os, est une déclinaison de cet archétype, une manifestation de cet archétype dans l'histoire.

LA MÉDAILLE MIRACULEUSE ET LE CHIFFRE DE MARIE

La Vierge Marie, lors d'une apparition à Catherine Labouré, demanda à celle-ci de faire frapper une médaille. Sur une face figure l'image de Marie et son revers présente une initiale et des dessins (voir ci-contre).

La lettre « M » est surmontée d'une croix. Le « M » est l'initiale de Marie. La croix est la croix du Christ. Les deux signes entrelacés – ce que l'on appelle un « chiffre », c'est-à-dire l'entrecroisement des initiales de deux noms – montrent le rapport indissoluble qui lie le Christ à sa mère : c'est le chiffre de Marie.

En bas, deux cœurs, l'un entouré d'une couronne d'épines, l'autre transpercé d'un glaive. Le cœur couronné d'épines est celui de Jésus. Il rappelle l'épisode de la Passion du Christ raconté dans les Évangiles, avant sa mise à mort. Le cœur percé d'un glaive est le cœur de Marie. Il rappelle la prophétie de Siméon relatée dans les Évangiles, le jour de la présentation de Jésus au temple de Jérusalem par Marie et Joseph : « Il est là pour la chute ou le relèvement de beaucoup en Israël et pour être un signe contesté – et toi-même, un glaive te transpercera l'âme ; ainsi seront dévoilés les débats de bien des cœurs. » (Évangile de Luc)

Le pentacle de l'abbé Julio – un M entrelacé d'une croix – reprend le chiffre de Marie qui apparaît sur la Médaille Miraculeuse. Le motif central de ce pentacle a donc été livré directement par la Vierge Marie.

Médaille miraculeuse de Marie, face.

Médaille miraculeuse de Marie, revers.

10

L'ANGE DE LA PRIÈRE

QUAND UTILISER CE PENTACLE ?

- Douleur
- Peine et chagrin
- Problèmes financiers

PRÉSENTATION PAR L'ABBÉ JULIO

EXPLICATIONS

En exergue : *Da nobis auxilium de tribulatione.*
Ce qui signifie : « Porte-nous secours dans l'oppression. »

APPLICATIONS

Qui donc n'est pas sujet à la douleur, à la peine, au chagrin ? Qui n'est souvent attendre qu'aide et protection ? Ce n'est pas incompréhensible pour ceux qui ont la clé, qui savent la raison des épreuves.
Si vous êtes plongé dans les eaux amères de la douleur, invoquez l'ange de la prière, afin que votre âme s'élève et ne se laisse pas abattre. Ce signe est bon contre tous les revers de fortune, causés par les ennemis ou même par sa propre imprudence.

POUR ALLER PLUS LOIN

SOURCES BIBLIQUES

La phrase en alphabet sacré inscrite en exergue autour du pentacle est extraite du Psaume 108. Ce psaume est la juxtaposition d'une partie du Psaume 57 et d'une autre du Psaume 60.

L'auteur du Psaume 108 a voulu composer un chant en vue d'une bataille à livrer ou d'une défaite à réparer. Le Psaume rappelle à Dieu qu'il est tenu, en quelque sorte, par sa propre promesse (« Ta fidélité est plus grande que les cieux ») d'intervenir en faveur de son peuple.

L'ANGE

La première chose à comprendre est : « Qu'est-ce qu'un ange ? » Le mot « ange » dérive du mot latin *angelus*, transposition du grec *angelos*. Il signifie « messager », « porteur de nouvelle ». Ainsi, la tradition désigne par le terme « ange » un envoyé, un messager. Dans nos traditions religieuses (judaïsme, christianisme, islam), ce sont des êtres célestes, des êtres spirituels. Comment les comprendre ? La lumière divine nous aveuglerait.

Statue d'ange dans le cimetière de Lychakiv, (XVIIIe s., Ukraine).

Elle se rend accessible en se voilant. Les anges sont comparables à des réfractions de plus en plus atténuées de la lumière divine.

Ils échappent à notre perception ordinaire. Ils n'ont pas de corps. C'est nous qui les revêtons d'une image, qui change selon les époques. Il n'y a pas de « vraie » image d'un ange. Ils n'ont pas toujours eu des ailes ! Ces images sont des allégories qui renseignent sur leurs fonctions, des raccourcis pédagogiques utiles pour nous aider à travailler avec eux.

LA PRIÈRE DE DEMANDE

L'ange de la prière a pour fonction de nous assister dans la prière. Mais qu'appelle-t-on prière ? Il en est de plusieurs types. Dans le Nouveau Testament, l'homme s'adresse au Père – généralement à haute voix, même quand il est seul – en ayant la certitude d'être exaucé (Évangiles de Matthieu et Marc). Marc l'exprime de la façon la plus directe : « En vérité, je vous le déclare, si quelqu'un dit à cette montagne : “Ôte- toi de là et jette-toi dans la mer”, et s'il ne doute pas en son cœur, mais croit que ce qu'il dit arrivera, cela lui sera accordé. C'est pourquoi je vous déclare : Tout ce que vous demandez en priant, croyez que vous l'avez reçu, et cela vous sera accordé. »

Et dans l'Épître de Jacques : « Si la sagesse fait défaut à l'un de vous, qu'il la demande au Dieu qui donne à tous avec simplicité et sans faire de reproche ; elle lui sera donnée. Mais qu'il demande avec foi, sans éprouver le moindre doute ; car celui qui doute ressemble à la houle marine que le vent soulève. Que ce personnage ne s'imagine pas que le Seigneur donnera quoi que ce soit à un homme partagé, fluctuant dans toutes ses démarches. »

Pour se laisser saisir par l'Esprit, il faut au préalable pardonner (Évangile de Marc). Selon l'Évangile de Matthieu, pour prier, il ne sert à rien d'entasser et de rabâcher des paroles. Il est possible de prier seul en raison de la présence du Père qui voit dans le secret, mais il convient aussi de prier en communauté.

Statue d'ange ancienne en marbre, sur une tombe.

Telles sont les règles de la prière efficace... Car il existe des règles qui fondent celle-ci (Évangile de Jacques) : « Vous demandez et ne recevez pas parce que vos demandes ne visent à rien de mieux que de dépenser pour vos plaisirs. »

Statuette de crèche, Giuseppe Sanmartino (XVIIIe s., Italie).

QUELQUES CONSIDÉRATIONS SUR LA PRIÈRE

De nos jours, pour la plupart des gens, la prière est une sorte de monologue intérieur : « Dans ma tête, je parle à Dieu. » Cette cogitation qui s'adresse à Dieu est récente : elle ne remonte guère au-delà du XVIe siècle, ni la règle de saint Bruno ni celle de saint Benoît n'en font mention. En effet, les hommes du Moyen Âge avaient une autre spiritualité et ils pouvaient se passer de prière mentale. Aujourd'hui, le recours à cette dernière relève de changements dans notre style de vie :

- la perte des traditions professionnelles : l'artisan ou le soldat trouvaient dans leur art une véritable initiation et des sujets de méditation – ce qui les dispensait de consacrer une demi-heure à la méditation chaque matin, méditation dont notre travail quotidien devenu profane rend les effets éphémères ;
- la perte du sens spirituel des choses : la vie, les métiers, les arts étant devenus athées, l'homme ne trouve plus dans le symbolisme l'aliment naturel de sa vie spirituelle. La science profane – qui s'imagine missionnée pour imposer le désenchantement du monde – accentue la perte du symbolisme de la nature. Il devient nécessaire de créer des moyens artificiels, d'ordre psychologique, pour pallier le vide spirituel ;
- la perte des rites qui rythmaient la vie : dans notre société marchande, il convient de légaliser le travail le dimanche, par exemple. La liturgie, incomprise, est méconnue des jeunes générations. Elle ne vise pourtant rien de moins que notre passage du biologique au spirituel. La combinaison de la prière, de la liturgie (sacrements compris) et de l'étude des Écritures active une véritable alchimie interne. Notre être passe à l'état radiant (le corps de gloire).

Robert Amadou, dans son livre *De la Sainte Science,* écrit : « L'initié se réintègre, et en mieux, durant que s'édifie son corps de gloire par la liturgie, secondée de la magie et de l'alchimie, suivant le protocole astrologique. Chaque jour de cette vie, son homme intérieur est renouvelé ; semé psychique, il se transfigure spirituel, tandis que son âme se corporise. Le corps n'est pas la chair et la résurrection est celle du mort entier. L'initié touche dès maintenant les arrhes de la vie future. Il transmue de même la matière du monde. »

11

L'ÉVÊQUE

QUAND UTILISER CE PENTACLE ?

- Causes difficiles ou désespérées
- Sensation d'être prisonnier, enfermé (sens propre ou figuré)

PRÉSENTATION PAR L'ABBÉ JULIO

EXPLICATIONS

Ce signe représente un saint quelconque dont on fait la neuvaine, dans un but déterminé, selon les indications du livre.

Par exemple, il peut représenter saint Nicolas, saint Germain, etc. ; de même que le signe qui est plus loin représentant saint Colomban [*le pentacle 17, p. 130*] peut s'appliquer à un autre saint ou que l'ange de la prière [*le pentacle 10, p. 102*] peut aussi bien représenter une sainte, dont on demande la protection en telle ou telle circonstance : tout dépend de la direction d'intention et de la bénédiction donnée au pentacle.

En exergue : *Qui eduxit vinctos in fortitudine, similter eos qui exasperant, qui habitant in sepulcris.*

Ce qui signifie : « C'est Lui, par sa puissance, qui délivre ceux qui sont enchaînés, ainsi que ceux qui désespèrent, ou qui sont comme ensevelis au fond du tombeau. »

Impression de sceau d'évêque à cire brune (XIVe s., Hollande).

APPLICATIONS

Outre une application générale, dans une neuvaine à un saint quelconque, selon les cas les plus divers, comme nous venons de l'expliquer, ce signe a une application plus particulière dans les affaires douteuses, difficiles, embarrassées, pressantes, réputées impossibles, désespérées.

Il est utile pour les prisonniers, pour ceux qui sont empêtrés dans des liens difficiles à dénouer. Il est nécessaire à ceux qui sont dans la désespérance et comme ensevelis dans une mort anticipée.

Au rayon de la foi, à la chaleur de la prière s'allume, à nouveau et d'un éclat plus radieux, la flamme de l'espérance.

POUR ALLER PLUS LOIN

SOURCES BIBLIQUES

La phrase en alphabet sacré inscrite en exergue autour du pentacle est extraite du Psaume 68, que nous rencontrerons également dans les pentacles 22 et 31 (p. 152 et 188).

Le Psaume 68 est un chant de louange et de confiance envers le Dieu qui réside dans le temple. Le Dieu d'Israël a délivré son peuple de la servitude, il s'est manifesté à lui par les prodiges du Sinaï, il lui a préparé et donné une belle patrie. Du sein de son sanctuaire, il continue à soutenir et sauver sa famille privilégiée, à l'arracher à une multitude de périls de mort, à la venger de ses adversaires.

LES COMMUNAUTÉS DE BAPTISÉS

À l'origine de la religion chrétienne, nous trouvons les communautés locales – le grec *ekklèsia*, qui a donné « Église », signifie « assemblée convoquée, assemblée du peuple » – qui rassemblent les baptisés témoignant d'un fait : le messie – en grec « le Christ » – est ressuscité. Toutes les femmes, tous les hommes qui en attestent sont sœurs/frères et égaux en dignité. Ils forment les membres d'un corps dont la tête est le Christ. Chaque communauté locale renferme en soi la nature totale de l'Église : « Dans chacune, le soleil brille, total et indivis, comme s'il n'existait que pour cette Église seule », écrit Théophile d'Antioche.
Conformément à la demande de l'apôtre Paul, ces communautés désignent des « Anciens » qui forment un collège veillant sur ses destinées. Ce n'est pas un Ancien qui veille sur la communauté, mais un collège d'Anciens. Non pas un pasteur, mais une équipe pastorale, un collège presbytéral institué par le Saint-Esprit.
Un saint peut être assimilé à un évêque – comme le fait l'abbé Julio avec ce pentacle – dans la mesure où l'évêque est le pasteur veillant sur la communauté locale. Il a reçu d'elle un mandat confirmé par le Saint-Esprit.

LA NOMINATION DE L'ÉVÊQUE

Un peu plus tard, chaque communauté délègue à l'un de ses membres, généralement un des Anciens, le soin de veiller particulièrement sur elle. Au IIe siècle, au sein du collège des responsables chargés de « veiller sur » (*épiskopein*) la communauté, se détache la fonction de l'évêque. À lui seul, désormais, sera réservé le nom *d'episkopos* (évêque).

Il n'y a qu'un évêque parce que la communauté est une et qu'il n'y a qu'un Dieu et qu'un seul Seigneur Jésus-Christ. Mais cet évêque détient son mandat de la communauté qui l'a élu. À côté de l'évêque unique, il y a donc un collège presbytéral, parce que le ministère apostolique a toujours un caractère collégial. En simplifiant, nous pouvons dire que le pouvoir est en haut (l'évêque), mais les libertés sont en bas (le collège presbytéral). La situation est analogue pour le pouvoir temporel quand il est incarné dans un roi. Le pouvoir est en haut, et sa légitimité (par l'histoire et le sacre) garantit les libertés locales (familles, villes, corporations...).

Au fil des siècles, le rôle de l'évêque a évolué. Ils sont aujourd'hui plus de cinq mille, répartis dans le monde entier.

Gravure (colorimétrie modifiée) : *Saint évêque,* Martin Schongauer (XVe s., Allemagne).

Page de gauche : un saint évêque, anonyme (XVe s.)

Ci-contre : statuette d'évêque portant un livre (XVe-XVIe s., Allemagne).

12

LE LION AILÉ

QUAND UTILISER CE PENTACLE ?

- Pour se mettre à l'abri de tout danger

PRÉSENTATION PAR L'ABBÉ JULIO

EXPLICATIONS

Attribut de l'évangéliste saint Marc, symbole du courage intrépide et de la puissance.
En exergue : *Non timebo millia populi circumdanstis me : exurgue, Domine ; salverum me fac, Deus meus.*
Ce qui signifie : « Je ne veux plus avoir peur de ces milliers d'hommes qui m'assiègent : levez-vous, Seigneur, et sauvez-moi, mon Dieu ! »

APPLICATIONS

Dans une calamité publique, dans un danger pressant, si vous êtes environné d'ennemis implacables, portez ce signe avec foi et confiance : et vous serez à l'abri de tout danger.

POUR ALLER PLUS LOIN

SOURCES BIBLIQUES

La phrase en alphabet sacré inscrite en exergue autour du pentacle est extraite du Psaume 3, que nous rencontrerons également dans le pentacle 20 (p. 142).

Le Lion d'or de saint Marc (basilique Saint-Marc, Venise, Italie).

Le Psaume 3 est un cri de confiance lancé vers Dieu au milieu même du péril. C'est une demande de secours. Dieu est un bouclier pour celui qui l'implore. Avec le Dieu d'Israël, rien n'est à craindre pour le fidèle, fût-ce en présence d'un danger humainement inévitable.

LA SYMBOLIQUE DU LION

L'imagerie chrétienne a recouru au lion pour représenter le Christ, le Verbe, mais aussi parfois... le diable ! Dans l'Apocalypse, le Christ vainqueur est montré en tant qu'agneau, parce qu'il est « doux et humble de cœur » et en tant que lion, car il possède, dans sa plénitude, la force divine et victorieuse. Des écrivains ont vu dans le rugissement du lion l'image de la puissante parole du Christ, du Verbe et de sa force. Dans le pentacle de l'abbé Julio, il s'agit du lion ailé, directement associé à l'apôtre Marc, dont l'Évangile commence par la généalogie de Jésus depuis le roi David afin de montrer sa royauté. Or, le lion est le symbole de la lumière solaire et de la royauté. Le lion ailé a probablement pour origine lointaine l'épopée sumérienne de Gilgamesh, personnage principal d'un célèbre récit épique de la mythologie mésopotamienne.

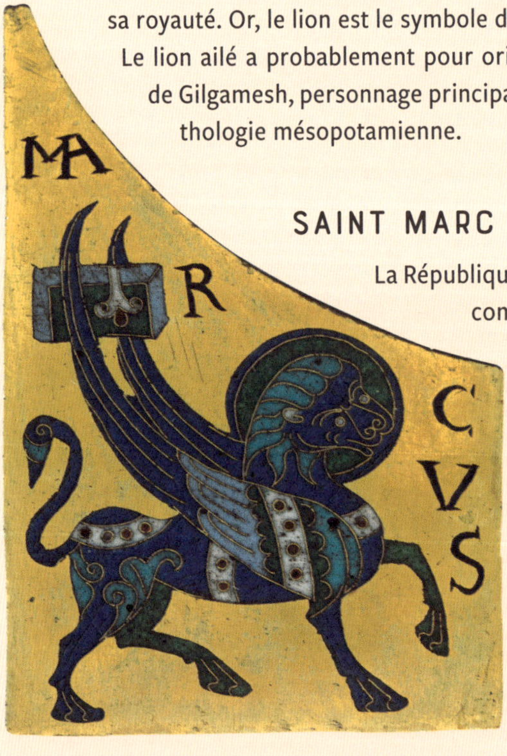

SAINT MARC ET VENISE

La République de Venise choisit l'évangéliste Marc comme saint patron dès le IXe siècle. Pour quelle raison ? Nous l'expliquons à propos de la symbolique du lion (ci-dessus), le lion avait été associé à Jésus.

En 829, selon la tradition, le corps de l'évangéliste Marc avait été dérobé par des marins vénitiens à la ville musulmane d'Alexandrie et transporté à Venise. L'animal fut adopté comme symbole du courage et de la force de la cité. Il fut représenté avec le livre ouvert – annonciateur de paix – ou fermé – brandissant de sa patte l'épée dégainée. Les mots écrits sur les pages du livre grand ouvert (*Pax tibi Marce evangelista meus* ; « Paix à toi Marc, mon évangéliste ») disent en substance : « Repose-toi ici, sur cette terre qui est tienne désormais. »

Gravure (colorimétrie modifiée) : *Le lion de saint Marc*, Martin Schongauer (XVe s., Allemagne).

LA VISION DE JEAN

Dans l'Apocalypse, Jean voit quatre « vivants ». De quoi s'agit-il ?

Comme les trois autres vivants – l'homme, le taureau et l'aigle –, le lion était déjà apparu dans la vision du prophète Ézéchiel : « Je regardai : un vent de tempête venait du nord, une grande nuée et un feu fulgurant et, autour, une clarté ; en son milieu, comme un étincellement de vermeil au milieu du feu. En son milieu, la ressemblance de quatre êtres vivants ; tel était leur aspect : ils ressemblaient à des hommes. Chacun avait quatre visages et chacun d'eux quatre ailes. Leurs jambes étaient droites ; leurs pieds : comme les sabots d'un veau, scintillants comme étincelle l'airain poli. Des mains d'hommes, sous leurs ailes, étaient tournées dans les quatre directions, ainsi que leurs visages et leurs ailes, à tous les quatre ; leurs ailes se joignaient l'une à l'autre. Ils n'avançaient pas de biais, mais chacun droit devant soi. Leurs visages ressemblaient à un visage d'homme ; tous les quatre avaient, à droite une face de lion, à gauche une face de taureau, et tous les quatre avaient une face d'aigle : c'étaient leurs faces. Quant à leurs ailes, déployées vers le haut, deux se rejoignaient l'une l'autre et deux couvraient leurs corps. Chacun avançait droit devant soi ; ils allaient dans la direction où l'esprit le voulait. Ils n'avançaient pas de biais. »

En lisant les explications des pentacles représentant le taureau, l'aigle et l'ange (p. 114, 142 et 148), nous garderons en mémoire ces visions du prophète Ézéchiel et de l'auteur de l'Apocalypse.

Page de gauche, en haut : cocarde de Saint Marc (XVIe s., Hollande).

Page de gauche, en bas : plaque ornée du symbole de l'évangéliste Marc (XIIe s., France).

13

LE TAUREAU AILÉ

QUAND UTILISER CE PENTACLE ?

- Fécondité
- Récoltes abondantes, jardin prospère

PRÉSENTATION PAR L'ABBÉ JULIO

EXPLICATIONS

Attribut de l'évangéliste saint Luc : symbole de la force, du labeur et de la fécondité.

En exergue: *Uxor tua sicut vitis abundans in lateribus domus tuae : filii tui sicut novellae olivarum in circuitu mensae tuae.*
Ce qui signifie : « Ton épouse sera comme une vigne féconde dans l'intérieur de ta demeure ; tes fils comme de jeunes plants d'olivier autour de ta table. »

APPLICATIONS

[*L'abbé Julio ne donne pas d'information sur les applications de ce pentacle. L'imagerie laisse penser qu'il est souverain pour les problèmes de fécondité dans tous les règnes du monde vivant* (*végétal, animal, humain*).]

POUR ALLER PLUS LOIN

SOURCES BIBLIQUES

La phrase en alphabet sacré inscrite en exergue autour du pentacle est extraite du Psaume 128.

Une nombreuse famille avec une aisance modeste et la tranquillité de la paix était une félicité appréciée en ce temps-là. Le psalmiste promet ces avantages à l'homme qui marchera dans les voies de Dieu. Pour comprendre le verset, il faut savoir que la femme palestinienne, dont la fécondité est le plus grand honneur, vit retirée à l'intérieur de la maison, et même dans une pièce séparée si le logis le permet. Les enfants, dispersés, se retrouvent à l'heure des repas, autour de la table familiale, sous les yeux de leur père, fier de leur nombre et de leur santé.

Vision d'Ézéchiel avec Dieu et symboles de quatre évangélistes, Hans Holbein (gravure, XVIe s., Allemagne).

LES QUATRE ÊTRES VIVANTS

Le tétramorphe – ou les « quatre vivants », ou encore les « quatre êtres vivants » – représente les quatre animaux ailés tirant le char de la vision d'Ézéchiel.

Saint Luc l'évangéliste, fresque de Josef Kastner (XIXe s., église carmélite de Dublin, Irlande).

Leur origine remonte à la nuit des temps. Nous les rencontrons dans plusieurs civilisations de l'Antiquité avant de les retrouver dans la Bible avec Ézéchiel d'abord, puis avec Jean dans l'Apocalypse.

Plus tard, les Pères de l'Église en firent l'emblème des quatre évangélistes : le lion pour Marc, le taureau pour Luc, l'homme pour Matthieu et l'aigle pour Jean. Ils accompagnent souvent les représentations du Christ en majesté. Ils ont leur place au pied du trône de la gloire de Dieu.

Plaque avec le taureau de saint Luc (détail, XIVe s., Catalogne).

Jean a également une vision qu'il relate dans le Livre de l'Apocalypse :

« Au milieu du trône et l'entourant, quatre animaux couverts d'yeux par-devant et par-derrière. Le premier animal ressemblait à un lion, le deuxième à un jeune taureau, le troisième avait comme une face humaine, et le quatrième semblait un aigle en plein vol. Les quatre animaux avaient chacun six ailes couvertes d'yeux tout autour et au-dedans. Ils ne cessent jour et nuit de proclamer : "Saint, saint, saint, le Seigneur, le Dieu souverain, celui qui était, qui est et qui vient !" »

La parenté avec la vision d'Ézéchiel est évidente. Les quatre êtres vivants sont au milieu du trône et autour de lui. Mais ils ne sont plus identiques et ils sont beaucoup moins hybrides. Ce sont, dans l'ordre : un lion, un taureau, un homme et un aigle.

LE TAUREAU

Le taureau étant l'animal des sacrifices offerts dans l'Ancien Testament, les chrétiens le regardèrent comme l'emblème de la victime rédemptrice qui assura, par l'effusion de son sang, la purification de l'espèce humaine et sa réconciliation avec la justice d'en-haut.

Un autre symbolisme relie la figure du taureau au Christ. L'abbé Julio a su le saisir, comme le montre le verset du Psaume qu'il met en exergue de son pentacle.

En étudiant l'iconographie de Jésus-Christ dans les treize premiers siècles, on constate que deux grandes idées ont eu sur elle une influence considérable : l'une nous le fait voir comme source et foyer de la lumière, et l'autre le désigne comme source et foyer de la vie.

Or, le taureau n'est pas seulement le chef du troupeau, il en est aussi l'époux et le père. Il y fait naître la joie, l'amour et, par lui-même, la vie. Il assure la perpétuité de l'espèce et la multiplication du troupeau. Sa puissance est fécondante. Elle répand et perpétue la vie. Ainsi :

- dans la Genèse, le taureau est le Verbe illuminateur, la Parole qui fit jaillir la lueur première sur le chaos du monde, le Verbe dont la doctrine illumine les âmes ;
- dans l'Évangile de Jean, le taureau est aussi le Verbe créateur de la vie dans l'ordre naturel (la vie du monde créé) et dans l'ordre surnaturel (les énergies divines incréées). De lui, source initiale, partent la vie des corps et des âmes.

Plaque ornée du symbole de l'évangéliste Luc (XIIe s., France).

14

L'ARCHANGE RAPHAËL

QUAND UTILISER CE PENTACLE ?

- Troubles psychiques
- Maladies contagieuses
- Pertes d'argent
- Dangers de la nature (feu, eau, tempêtes, bêtes dangereuses...)

PRÉSENTATION PAR L'ABBÉ JULIO

EXPLICATIONS

[*Dans le premier pentacle*] Les lettres entrelacées vous font lire aisément « Raphaël » et en exergue [*en alphabet sacré, traduit en latin*], ces mots : *In proximo est ut a Deo cureris.* Ce qui signifie : « Il est certain que Dieu vous guérira bientôt. »

[*Dans le pentacle ci-contre*] Au centre, le nom de RAPHAEL.
En exergue : *Sancte Raphaël, ora pro nobis.*
Ce qui signifie : « Saint Raphaël, priez pour nous. »

APPLICATIONS

Ce signe bénit et consacré aide puissamment à hâter la guérison de toutes les maladies morales [*psychiques*]. Il vous défend contre tout péril quelconque, dans toutes les adversités, contre un ennemi personnel connu, contre les dangers du feu, de l'eau, des tempêtes, du tonnerre, des serpents et de toutes les bêtes dangereuses, de la famine, de la peste et autres maladies contagieuses, contre les pertes d'argent, de la male mort ou de la mort subite, et de la damnation éternelle. Il sert aussi à obtenir la faveur des grands dans un cas déterminé.

POUR ALLER PLUS LOIN

SOURCES BIBLIQUES

Le Livre de Tobie existe, même si nous n'en possédons que des versions en langue grecque. L'original en langues sémitiques a disparu, bien qu'on en ait retrouvé des fragments en araméen et en hébreu à Qumrân (les célèbres « manuscrits de la mer Morte »). Nous rencontrerons également le Livre de Tobie dans les pentacles 42 et 44 (p. 234 et 242).

Raphaël n'apparaît que dans ce livre. Il a été envoyé par Dieu pour guérir la cécité du père de Tobie et l'aider à rencontrer Sarah afin d'assurer la descendance d'Abraham. Il accompagne également Tobie dans son voyage, à la fin duquel il se présente : « Je suis Raphaël, l'un des sept anges qui se tiennent devant la gloire du Seigneur et pénètrent en sa présence. »

Statue de l'archange Raphaël (Cordoue, Espagne).

Vitrail représentant saint Raphaël, dans la cathédrale Notre-Dame de Luxembourg (Luxembourg).

DEUX PENTACLES, UNE MÊME APPLICATION

L'abbé Julio propose deux pentacles pour l'archange Raphaël. Le premier, avec les lettres entrelacées est représenté dans *Prières Liturgiques*. C'est le modèle que nous avons choisi. Le second apparaît dans *Grands Exorcismes et Bénédictions.*
Selon l'abbé, les deux pentacles ont les mêmes applications.

Les noms des anges

La Bible ne connaît que trois noms d'anges : Gabriel, Michel et Raphaël. La liste des sept fut complétée par des livres juifs ou chrétiens non retenus dans le canon biblique.

Dans le Livre d'Enoch, les anges des puissances sont les suivants : Ouriel est préposé au monde et au Tartare, Raphaël est préposé aux esprits des humains, Ragouël chatie le monde des luminaires, Michel est préposé aux hommes de bien, Sariel est préposé aux esprits qui pèchent contre l'esprit, Gabriel est préposé au paradis, aux dragons et aux chérubins, Remiel est chargé par Dieu du soin des ressuscités.

Raphaël signifie « Dieu guérit » ou « Dieu a guéri ». Ce mot dérive du verbe *râphâ*, en son double sens de « lier » et de « guérir », l'un et l'autre en relation immédiate avec la magie.

Il tient entre ses mains tous les remèdes du monde.

Dans le Livre d'Enoch, Raphaël est un guide dans le monde des morts. Il est « l'une des quatre présences, préposée à toutes les maladies et à toutes les blessures des enfants des hommes ».

Statue polychromatique de l'archange Raphaël, saint patron de la ville de Cordoue, sur un autel du couvent des Capucins (Espagne).

15

LES TROIS ROIS MAGES

QUAND UTILISER CE PENTACLE ?

- Stress, anxiété, maladies nerveuses
- Épilepsie

PRÉSENTATION PAR L'ABBÉ JULIO

EXPLICATIONS

Les trois rois mages : Gaspard, Melchior et Baltazar, se rendant, en suivant l'étoile miraculeuse, à Bethléem, pour offrir leurs présents à l'enfant divin qui vient de naître.
En exergue, on lit : *Gaspard fert myrrham, thus Melchior, et Balthasar aurum.*
Ce qui signifie : « Gaspard offre la myrrhe, Melchior l'encens et Baltazar l'or. »

APPLICATIONS

Ce signe doit être porté par tous ceux qui sont attaqués d'épilepsie, ou sujets aux maladies nerveuses.

POUR ALLER PLUS LOIN

SOURCES BIBLIQUES

Les trois mages-astrologues, qui n'étaient pas rois, apparaissent dans l'Évangile de Matthieu :

« Jésus étant né à Bethléem de Judée, au temps du roi Hérode, voici que des mages venus d'Orient arrivèrent à Jérusalem et demandèrent : "Où est le roi des Juifs qui vient de naître ? Nous avons vu son astre à l'Orient et nous sommes venus lui rendre hommage." »

En traduisant cet épisode, certains experts manquent soudainement de vocabulaire. Un homme qui – au seul vu d'une configuration céleste – tire l'information qu'un fils de roi vient de naître en Palestine et se rend dans la capitale pour s'informer, cela s'appelle « un astrologue ». Reconnaissons à *La Traduction œcuménique de la Bible* et à quelques autres traductions l'honnêteté d'avoir indiqué en note de bas de page, pour éclairer le mot « mages » : « sans doute des astrologues babyloniens ».

LA NAISSANCE DE JÉSUS ET LES ROIS MAGES

Jésus naît à Bethléem (littéralement « Maison du pain »), à six kilomètres au sud de Jérusalem, dans la Judée. Une ville connue comme siège de la famille de David. Au temps du roi Hérode le Grand, c'est-à-dire avant l'an -4, voici que des mages vinrent d'Orient. Ces membres d'une tribu persane aux fonctions sacerdotales, experte dans l'interprétation des phénomènes célestes, arrivèrent à Jérusalem. Ils dirent : « Où est le roi des habitants de la Judée qui vient de naître ? Nous avons vu, en effet, son astre à son lever et sommes venus lui rendre hommage. »

Les trois rois en route pour la naissance de Jésus (lithographie, XIXe s.).

>> Des mages astronomes

Ces mages avaient probablement relevé la conjonction de Jupiter et Saturne en Poissons, exacte à trois reprises ; le 29 mai de l'an -7, le 1er octobre suivant, puis enfin le 5 décembre. Cette conjonction fut rejointe en février et mars de l'an -6 par Mars, formant une triple conjonction très lumineuse. Cette hypothèse fut émise par l'astronome Johannes Kepler. Parmi les hypothèses proposées, elle est la seule possible. Une comète ou une supernova aurait été mentionnée par d'autres peuples de l'époque.

>> Hérode, les mages et Jésus

Après avoir, immédiatement après le coucher du Soleil, noté le lever à l'orient de cette configuration, ils allèrent dans la capitale interroger le maître des lieux sur la naissance royale.
Le roi Hérode s'émut, et tout Jérusalem avec lui. Il assembla les autorités officielles de la vie religieuse du peuple juif – les grands prêtres (les membres de l'aristocratie sacerdotale de Jérusalem, chargés des finances et de la police du Temple) et les scribes (qui avaient pour fonction d'interpréter les Écritures, pour en tirer les règles de conduite de la vie juive) – et s'enquit auprès d'eux du lieu où, selon les Écritures, devait naître l'enfant : « À Bethléem de Judée, lui dirent-ils ; ainsi, en effet, est-il écrit par les prophètes Michée et Samuel : "Et toi, Bethléem, terre de Juda, tu n'es certes pas le plus petit des chefs-lieux de Juda : car c'est de toi que sortira le chef qui fera paître Israël, mon peuple." »

Alors Hérode convoqua secrètement les mages, se fit préciser par eux le temps de l'apparition de l'astre, et les envoya à Bethléem en disant : « Allez vous renseigner exactement sur l'enfant ; quand vous l'aurez trouvé, avisez-moi afin que j'aille, moi aussi, lui rendre hommage. » Sur ces paroles du roi, ils se mirent en route. L'astre, qu'ils avaient vu à son lever, prit une tournure miraculeuse : il les précéda jusqu'à ce qu'il s'arrête au-dessus de l'endroit où était l'enfant.

L'adoration des mages, Antonio Vassilacchi (xvii-xviiie s., église Chiesa di San Zaccaria, Venise, Italie).

Quand un enfant mâle naissait, les proches, les amis, les voisins et les étrangers défilaient dans la maison, dès le jour de la naissance, pour apporter des présents et féliciter les parents du don divin qui leur était maintenant confié. Cette coutume permit aux mages – pourtant étrangers – de pénétrer dans la maison avec des cadeaux. Ils rendirent hommage à l'enfant et lui offrirent en présent des richesses et des parfums d'Arabie, de l'or, de l'encens et de la myrrhe.
Après quoi, avertis en songe de ne pas retourner chez Hérode, ils empruntèrent une autre route pour rentrer dans leur pays.

Que savons-nous des mages ?

Les mages n'étaient ni rois, ni au nombre de trois. Nous ne savons rien de leur nom, ni de leur couleur ! Ces détails sont absents des quatre Évangiles. Leur nom, leur couleur et leur nombre proviennent de traditions populaires et d'écrits à l'origine douteuse.
Des textes de l'Ancien Testament annonçaient que des rois viendraient se prosterner devant le messie, que des étrangers apporteraient de l'or et de l'encens. Les traditions ultérieures verront en eux les rois cités dans le Psaume 72. Ils accomplissent l'oracle du Psaume : « Les rois de Tarsis et des îles enverront des présents ; les rois de Saba et de Séva paieront le tribut. Tous les rois se prosterneront devant lui, toutes les nations le serviront. »
Cette identification des mages à des rois fut renforcée un millénaire plus tard par la papauté. Montrant que les rois étaient venus se prosterner devant l'enfant Jésus, cela permettait au pape d'affirmer son autorité sur les rois et les empereurs.

16

L'ANGE DE LA JUSTICE

QUAND UTILISER CE PENTACLE ?

- Litiges
- Attaque injustifiée
- Procès

PRÉSENTATION PAR L'ABBÉ JULIO

EXPLICATIONS

L'ange tenant une balance, attribut de l'évangéliste saint Matthieu, symbole de la justice et de la pureté.
En exergue : *Exurge et intende judicio meo, Deus meus et Dominus meus in causam meam.*
Ce qui signifie : « Levez-vous et procédez à mon jugement : mon Dieu et mon Maître, défendez ma cause. »

APPLICATIONS

Si vous avez un litige quelconque, un désaccord, un procès dont l'issue vous inquiète, une attaque injustifiée de la part d'une méchante personne : ayez recours à ce signe et il est plus que probable, si vous avez le bon droit de votre côté, que vous triompherez, quoique ce ne soit pas souvent le bon droit qui l'emporte ici-bas.

POUR ALLER PLUS LOIN

SOURCES BIBLIQUES

La phrase en alphabet sacré inscrite en exergue autour du pentacle est extraite du Psaume 35.

Dans les Psaumes, Dieu est souvent décrit comme un guerrier pourchassant ses ennemis, mais il est entendu que les vraies armes de la victoire sont celles de l'esprit. Ces psaumes seraient un appel au secours à Dieu contre les ennemis qui attaquent.

LA JUSTICE

En France, les juges dépendent du ministère de la Justice. Pourtant, dès leur première année d'études, les futurs magistrats apprennent qu'ils ne sont pas là pour rendre la justice, mais pour dire le droit. Si les rois rendaient la justice, les tribunaux républicains doivent s'en tenir au droit.

« Légalisme » et « éthique » ne sont pas synonymes. L'Ancien Testament insiste sur l'aspect légaliste : tu feras ceci, tu ne feras pas cela. Mais Jésus n'a que faire du légalisme. Son message accorde la priorité à la confiance en Dieu plutôt qu'à l'observance des commandements. Guérir un malade le jour du sabbat ne lui pose aucun problème, bien que cela soit interdit par la loi. Dans l'épisode du fils retrouvé (Évangile de Luc), c'est ce fils rebelle

– qui a pris le risque de la vie – qui finit par avoir la meilleure part. Le fils aîné, qui a scrupuleusement respecté les coutumes sociales et les obligations religieuses, ne le comprend pas.

Jésus semble avoir désigné les pécheurs comme les vrais justes et défini la justification comme le pardon promis aux humbles. Jésus ne recourt pas à la notion de « manifestation de la justice de Dieu », mais à l'expression de « Royaume des Cieux ». Il parle d'un état de l'être, pas d'une loi.

LES DEUX ANGES ACCOMPAGNATEURS

Pas d'ange de la justice dans la Bible. Mais voici un extrait du *Pasteur* d'Hermas, un texte écrit vers 150 et retenu par les premières communautés chrétiennes (on retrouve ce texte dans les écrits des Pères apostoliques). Il explique comment chaque être humain est accompagné de deux anges : l'ange de justice et l'ange du mal.

>> L'ange de justice

« Écoute maintenant, dit-il, ce qui concerne la foi. Il y a deux anges avec l'homme : l'un, de justice, l'autre, du mal. – Comment donc, Seigneur, dis-je, distinguerai-je leur action, si les deux anges habitent avec moi ? – Écoute, dit-il, et comprends. L'ange de justice est délicat, modeste, doux, calme. Quand c'est lui qui monte à ton cœur, d'emblée, il te parle de justice, de chasteté, de sainteté, de tempérance, de tout acte juste, de toute vertu noble. Quand tout cela te monte au cœur, sache que l'ange de justice est avec toi, car ce sont là les œuvres de l'ange de justice ; aie confiance en lui et en ses œuvres. »

>> L'ange du mal

Vois maintenant les œuvres de l'ange du mal. Et tout d'abord, il est colérique, amer, insensé ; et ses œuvres mauvaises corrompent les serviteurs de Dieu. Quand donc il monte à ton cœur, connais-le d'après ses œuvres. – Comment je le distinguerai, Seigneur, dis-je, je l'ignore. – Écoute, dit-il.

Quand la colère s'empare de toi, ou l'aigreur, sache qu'il est en toi ; de même les désirs d'activité dispersée, les folles dépenses en festins nombreux, en boissons enivrantes, en orgies incessantes, en raffinements variés et superflus, la passion des femmes, de la grande richesse, l'orgueil exagéré, la jactance et tout ce qui y ressemble : si cela te monte au cœur, sache que l'ange du mal est en toi. Puisque donc tu connais ses œuvres, éloigne-toi de lui, ne crois pas en lui, car ses œuvres sont mauvaises et funestes aux serviteurs de Dieu ».

>> Choisir l'ange de justice

Voilà quelle est l'action des deux anges. Comprends-la et mets ta confiance dans l'ange de justice. Éloigne-toi de l'ange du mal puisque son enseignement est mauvais en tout. Car si quelqu'un est très fidèle et que le désir de cet ange monte à son cœur, il est inévitable que celui-là, homme ou femme, commette le péché. Qu'un homme ou une femme, au contraire, soit tout à fait dépravé et que les œuvres de l'ange de justice montent à son cœur, il est inévitable qu'il fasse le bien. Tu vois donc qu'il est bon de suivre l'ange de justice et de renoncer à l'ange du mal. Ce commandement indique ce qui concerne la foi, pour que tu aies foi dans les œuvres de l'ange de justice et en les accomplissant, tu vivras pour Dieu. Crois aussi que les œuvres de l'ange du mal sont funestes ; en les évitant, tu vivras pour Dieu. »

Témoignage

Chantal se heurte depuis plus de deux ans à l'absurdité de l'administration (caisse de retraite et rectorat) pour faire valider une dizaine de trimestres pour sa retraite (enseignement à l'étranger et autres situations particulières). La personne dédiée à la caisse de retraite refuse maintenant de prendre ses appels et de répondre à ses mails.

Chantal prend alors le pentacle de la Justice, le colorie avec des teintes qui ont un sens pour elle et le bénit dans les règles. La journée, elle le porte sur elle, et la nuit elle le place sous l'oreiller. Elle prépare le pentacle le dimanche 4 mars. Le lendemain matin, un service du rectorat la renvoie vers un autre bureau prêt à lui faire les attestations. Contactant la caisse de retraite une fois de plus, la personne s'occupant de son dossier accepte de prendre en compte ce qui est dit et de régler l'affaire.

17

SAINT COLOMBAN

QUAND UTILISER CE PENTACLE ?

- Stress, anxiété, dépression
- Maladies mentales

PRÉSENTATION PAR L'ABBÉ JULIO

EXPLICATIONS

En exergue : *Sancte Columbane, imbecillium salus mentium, ora pro nobis.*
Ce qui signifie : « Saint Colomban, sauveur des esprits affaiblis, priez pour nous. »
On y chante :
« Les infirmes d'esprit y viennent avec fruit demander ses prières
auprès du Tout-Puissant, et plusieurs à l'instant sont tirés de misères.
Sancte Columbane, imbecillium salus mentium, ora pro nobis. »

APPLICATIONS

Elles ressortent clairement des paroles susdites. Ce signe, bénit et consacré, est employé contre toutes les formes de la folie et du dérangement cérébral : folie furieuse, idiotisme, crétinisme, abrutissement, imbécillité, esprit tardif, nervosité, neurasthénie, dépression morale, tourment et chagrins par quelque cause que ce soit.

POUR ALLER PLUS LOIN

SAINT COLOMBAN

Colomban de Luxeuil, le plus célèbre des saints Colomban (540-615), était un moine irlandais. Il sillonna les Cornouailles anglaises, puis aurait débarqué en Bretagne, à Saint-Coulomb près de Saint-Malo, dans les années 570. Il évangélisa les populations campagnardes d'un territoire recouvrant la France, l'Allemagne, l'Helvétie, l'Autriche et l'Italie. Son œuvre évangélique en Europe occidentale fut capitale pour la conversion des populations germaniques et la christianisation des campagnes.
Il est fêté le 23 novembre, car il mourut le jour de la présentation de Marie au Temple (21 novembre).

Retable de saint Colomban dans l'église de Pezzolo Valle Uzzone (XVIIe s., Italie).

SAUVEUR DES ESPRITS

L'expression « mal de saint Colomban » recouvre la folie et autres affections neurologiques et psychiques.
L'explication de la phrase « Saint Colomban, sauveur des esprits affaiblis, priez pour nous » (écrite en alphabet sacré sur l'exergue du pentacle) se trouve dans les *Prières Liturgiques*. L'abbé Julio se préoccupe ici des cas de faiblesse psychique. Le latin *imbecillus* signifie « faible, sans force » et se dit du corps autant que de l'esprit. Le mot n'a pas la connotation péjorative du moderne « imbécile ».

Le pèlerinage à Locminé

Pour guérir les cas cités, l'abbé Julio recommande une neuvaine adressée à saint Colomban, c'est-à-dire neuf jours consécutifs de prières, et un pèlerinage à Locminé dans le Morbihan.
À Locminé, des pèlerinages ont eu lieu pendant plusieurs siècles dans la chapelle de saint Colomban, qui communiquait avec l'église du village.
Aussi appelée *Fetan Gwen*, « fontaine blanche », la fontaine Saint-Colomban attire de nombreux pèlerins et fait l'objet de pratiques rituelles en raison des vertus curatives attribuées à ses eaux : celles de guérir de la folie et des maladies nerveuses dites « mal de saint Colomban ».

Ci-contre : fenêtre de la crypte de l'abbaye de Bobbio (xve s., Italie).

Témoignage

Paul a vingt et un ans. Il est catalogué « psychotique léger » et a fait plusieurs séjours en hôpital psychiatrique. Pendant plus de deux ans, il n'adresse pas la parole à ses parents et passe son temps sur sa console vidéo ou devant la télévision, dans une inactivité totale. Profitant d'une absence de son fils et de son épouse, le père prépare le pentacle de saint Colomban. Puis il le place dans le coffre de rangement sous le lit de Paul. Voici la conclusion, dans les mots de son père :

« Je trouve un Paul joyeux, ouvert, qui me parle beaucoup, qui s'exprime. Il avait émis le souhait de travailler avant de partir, mais je m'étais dit que, comme d'habitude, cela n'aboutirait à rien. Il a trouvé du travail chez Mac Donald's où ça se passe très bien, il est content. Les premiers jours après son retour, on a bien parlé, il était content, visage épanoui, souriant... Il ne me lâche plus, rigole avec moi, joue. Et d'une manière très inattendue, il me demande : "Est-ce que tu pries pour moi ?" Je lui réponds que oui, sans lui parler du pentacle sous son lit. Son comportement a complètement changé, dans le bon sens, c'est remarquable. Il a décidé de ne plus prendre son médicament. On lui dit de se méfier, qu'il fallait baisser la dose tout doucement. Il a arrêté et il n'y a pas d'effets secondaires. »

18

L'ARCHANGE MICHEL

QUAND UTILISER CE PENTACLE ?

- Mal-être et tourments indéterminés
- Protection (conflits)
- Découverte de choses cachées et de trésors

PRÉSENTATION PAR L'ABBÉ JULIO

EXPLICATIONS

[*Dans le premier pentacle*] Choisissez les lettres entrelacées et vous lirez clairement « MICAEL », c'est-à-dire le nom du grand archange, le Prince de la milice céleste.
En exergue : *Quis ut Deus ?* « Qui est semblable à Dieu ? » La terrible parole par laquelle il foudroya et lança dans les abîmes du chaos le Prince de la révolte, Satan.

[*Dans le pentacle ci-contre*] Au centre, le nom de Michaël.
En exergue : *Quis ut Deus ?* « Qui est semblable à Dieu ? »
Cet exorcisme peut être utilisé par tout chrétien qui souhaiterait se débarrasser des miasmes et parasitages du monde intermédiaire (astral).

APPLICATIONS

Ce signe est puissant pour vaincre Satan et l'innombrable foule des Puissances qu'il entraîna dans sa révolte insensée, qui durera jusqu'à résipiscence volontaire ou jusqu'à l'anéantissement final, qui est la seule et vraie mort, redoutable et redoutée.
Si vous êtes tourmenté, sans que vous puissiez raisonnablement en découvrir la cause, prenez ce signe. Il est puissant pour vous défendre à la guerre et dans les batailles. Il est puissant pour vous aider à découvrir les choses cachées, et même les trésors, si toutefois ils existent où on les suppose.

POUR ALLER PLUS LOIN

SOURCES BIBLIQUES

Michel est nommé dans le Livre de Daniel. Son nom signifie « Qui est comme Dieu ? » (étymologiquement, EL « dieu » et MI, CHA « qui est semblable »).

Buste de l'archange Michel (art byzantin, XIIIe s.).

Ci-dessus : mosaïque de saint Michel sur la façade de l'église orthodoxe serbe de Trieste (XIXe s.,Italie).

Ci-dessous : *L'archange Michel en tant que tueur de dragon*, attribué à Pieter Scheemaeckers, (XVIIe s.).

Satan, le chef des anges déchus, s'était rebellé contre son créateur. Il avait voulu monter au plus haut des montagnes et se montrer ainsi semblable au Très-Haut.
L'archange Michel apparaît au prophète Daniel. Il est le chef des archanges dont il régit l'action. Pour cette raison, Michel est appelé « Chef de la milice céleste ».
Michel entre en conflit avec Satan dans l'Épître de Jude. L'Apocalypse relate le combat final, à la suite duquel Satan est précipité dans « l'océan de feu et de soufre » d'où il ne sortira plus.

L'abbé Julio propose deux pentacles pour l'archange Michel, les deux ayant, selon lui, la même application : nous avons choisi de conserver le modèle représentant le nom de Michael en lettres entrelacées et qui est repris du livre de Cornelius Agrippa, *Sur la philosophie occulte*.

Saint Michel l'archange tenant une épée, symbole de sa gouvernance des armées saintes, Andrea della Robbia (xve s., Italie).

LE MONDE DES ANGES

L'angélologie s'est développée dans le judaïsme tardif. Les anges y constituent un monde d'intermédiaires entre Dieu et les hommes. De nombreuses fonctions que le judaïsme attribuait à Dieu leur furent plus tard concédées.

Parmi les anges se détachent des figures éminentes. Raphaël apparaît dans le Livre de Tobie. Michel et Gabriel sont mentionnés dans le Livre de Daniel. Uriel – qui apparaît dans le Livre d'Énoch – conduit Énoch dans son ascension. Il existe d'autres anges dont le nom n'est pas précisé.

L'ensemble forme le groupe des sept archanges, dont trois seulement (Raphaël, Michel et Gabriel) – parce qu'ils sont cités dans la Bible – furent finalement retenus par l'Église. Uriel, présent dans d'autres textes juifs, fut retenu pendant un temps. Ce qui portait à quatre les anges dont nous possédons les noms.

Ces quatre anges (Raphaël, Michel, Gabriel, Uriel) résident aux quatre points cardinaux (Apocalypse). Selon Cornelius Agrippa, il s'agit des quatre points cardinaux du ciel – les solstices et les équinoxes – et non des points cardinaux terrestres.

19

L'ARCHANGE GABRIEL

QUAND UTILISER CE PENTACLE ?

- Paix (disputes, complots)
- Maladies rebelles (cancer, plaies...)
- Handicaps physiques
- Réussite dans tous les projets
- Aisance financière

PRÉSENTATION PAR L'ABBÉ JULIO

EXPLICATIONS

[*Dans le premier pentacle*] Étudiez les lettres entrelacées et vous lirez facilement « GABRIEL », le nom de l'archange missionné auprès de la Vierge Marie pour lui annoncer la maternité divine.
Aussi lisons-nous en exergue les paroles qu'il prononça, et maintenant si souvent répétées, et qui annoncèrent l'Incarnation du Verbe pour la rédemption de l'humanité terrestre (c'est-à-dire sa libération de tout esclavage) : *Ave Maria, gratia plena,* « Je vous salue, Marie, plénitude de la grâce ! »

[*Dans le pentacle ci-contre*] Au centre, on lit « GABRIEL ». En exergue : *Sancte Gabriel, ora pro nobis,* « Saint Gabriel, priez pour nous »

APPLICATIONS

C'est un signe de paix, de bonne santé, de réussite en toute entreprise. Il calme les dissensions, les disputes et les combats.
Il combat victorieusement les infirmités rebelles et opiniâtres, comme plaies, lèpre et cancer. Il est d'un grand secours aux boiteux, aux sourds et aux muets, aux aveugles, aux paralytiques.
Il triomphe de la pauvreté pour faire place à une honnête aisance. Il déjoue les pièges, les embûches et les complots les plus perfides, si l'on y ajoute l'une des sept oraisons mystérieuses (voir p. 267 à 271).

POUR ALLER PLUS LOIN

SOURCES BIBLIQUES

Avec Raphaël et Michel, Gabriel compte parmi les trois anges auxquels l'Écriture donne un nom.

Dans l'Ancien Testament, le Livre de Daniel dit d'abord que Gabriel est appelé par une voix céleste à expliquer au prophète « sa vision du Bélier et du bouc » dont l'interprétation est en effet proposée. Puis il le montre chargé d'une mission de même nature pour éclairer un oracle de Jérémie. Gabriel se fait l'interprète des rêves qui annoncent l'avenir.

Dans le Nouveau Testament, Gabriel annonce deux fois une nouvelle naissance. Il informe le prêtre Zacharie de la prochaine naissance d'un fils, le futur Jean-Baptiste. Puis il porte à la Vierge Marie l'annonce du choix divin qui fera d'elle la mère de Jésus (Évangile de Luc). La première phrase du *Je vous salue Marie* (« Je vous salue Marie pleine de grâce, le Seigneur est avec vous... ») est la salutation adressée par l'ange Gabriel à Marie : « Sois joyeuse, toi qui as la faveur de Dieu, le Seigneur est avec toi. »

PORTRAIT DE L'ANGE GABRIEL

En hébreu, la racine GBR signifie « devenir fort », « devenir puissant », « exceller » ou « être fort ». Le nom Gabriel (de *gabar*, « force » et *El*, « Dieu ») est d'origine chaldéenne. Il signifie « Dieu fort » ou « Force de Dieu ». Contrairement à ce que laisse supposer l'imagerie saint-sulpicienne du XIXe siècle, il n'y a rien d'efféminé dans l'apparence de Gabriel. Lorsqu'il se matérialise dans la Bible ou quand il apparaît dans une vision, son aspect est semblable à celui d'un homme robuste (Livre de Daniel).

Gabriel est l'ange de l'héroïsme divin. Il est aussi, avec Michel, l'un des principaux chefs de la milice céleste.

Archange Gabriel et Vierge de l'Annonciation,
Gérard David (XVIe s., Hollande).

Archange Gabriel de l'Annonciation, fresque de Taddeo Gaddi (XIIIe s., église San Miniato al Monte, Florence, Italie).

Ci-dessous : gravure de 1871 représentant l'archange Gabriel.

Il garde toutefois un aspect plus axé sur la connaissance. Gabriel est généralement mentionné en lien avec Michel. Ensemble, ils l'emportent sur le « Prince des puissances », Samaël : ils mettent un terme au règne du mal dans le ciel et sur la terre.

Selon le témoignage de Jeanne d'Arc lors de son procès, ce fut Gabriel qui l'incita à aider le roi de France.

LES ANGES ET LA TRADITION JUDÉO-CHRÉTIENNE

Dans les textes judéo-chrétiens (ceux de la première communauté chrétienne de Jérusalem), la Trinité s'exprime en prenant la forme des anges. Ainsi, Michel est la Parole de Dieu (le Verbe) qui se manifeste. Gabriel est le Souffle de Dieu (l'Esprit Saint) qui se manifeste. Le cardinal Jean Daniélou a relevé les occurrences et développé la question. Gabriel est donc l'un des deux anges – l'autre est Michel – les plus haut placés dans la tradition judéo-chrétienne.

20

L'ANGE GARDIEN

QUAND UTILISER CE PENTACLE ?

- Stress, angoisse, anxiété
- Insomnies et cauchemars

PRÉSENTATION PAR L'ABBÉ JULIO

EXPLICATIONS

En exergue : *Ego dormivi et soporatus sum : et exsurrexi, quia Dominus suscepit me.*
Ce qui signifie : « Et moi, je me couche et m'endors, je m'éveille : Yahvé est mon soutien. »

APPLICATIONS

Si nous avons autour de nous des esprits tentateurs qui nous soufflent le mal, des ennemis désincarnés qui essaient de continuer contre nous leurs vengeances, nous avons aussi, si nous le voulons, des esprits protecteurs, notre ange gardien, nos bien-aimés défunts, qui veillent sur nous et nous protègent, à condition que nous demandions leur aide.
Ce signe est puissant pour triompher des insomnies les plus rebelles, des cauchemars les plus affreux, des inquiétudes et des angoisses les plus inexpliquées.

Ange gardien et Joseph : médaille en laiton (XIXe s., Paris, musée Carnavalet).

POUR ALLER PLUS LOIN

SOURCES BIBLIQUES

La phrase en alphabet sacré inscrite en exergue autour du pentacle est extraite du Psaume 3, déjà rencontré dans le pentacle 12 (p. 110).

La phrase reprise par l'abbé Julio se réfère à une épreuve déjà passée. La première impression du psalmiste, à se voir menacé par ses ennemis, fut de terreur (« Que mes adversaires sont nombreux ! »). Autour de lui, on cherchait à le décourager ; son Dieu l'avait abandonné ! Mais en face des ennemis, il y a le Dieu d'Israël qui est son bouclier. La nuit avait paru pleine de périls, le psalmiste se réveille sain et sauf.
Dans l'Évangile de Matthieu, à propos des enfants, Jésus répond : « Gardez-vous de mépriser aucun de ces petits, car, je vous le dis, aux cieux leurs anges se tiennent sans cesse en présence de mon Père qui est aux cieux. »
Chacun a son ange, auquel il est relié en permanence...

Ange gardien (Allemagne [éditeur non transcrit], 1914).

L'HOMME IMPARFAIT

Imaginons un écran de cinéma. Sur l'écran se projette l'image d'un homme imparfait – plus ou moins déformée selon que l'écran est plat ou légèrement ondulé. Si la surface de l'écran est altérée, l'image projetée est nécessairement imparfaite.

Cette image résulte d'une projection. Ce que le spectateur ne voit pas, c'est qu'il existe une image parfaite : elle se trouve placée devant l'ampoule du projecteur. Si le modèle parfait (l'image devant l'ampoule) n'existait pas, l'homme projeté sur l'écran n'existerait pas non plus. L'effet n'existe pas sans sa cause.

Vous êtes, je suis, dans la même situation. L'homme imparfait que je suis est la projection d'un archétype parfait. Ce modèle parfait, Dieu le pense en lui-même de toute éternité. Projeté sur l'écran de la matière, cet homme m'apparaît imparfait (mortel, instable, etc.).

L'homme imparfait, c'est moi. Le modèle parfait, la théologie le nomme « ange gardien ». L'ange gardien, c'est mon moi céleste. Je n'existerais pas si l'ange gardien n'existait pas.

Je peux travailler sur moi-même par des moyens physiques (gymnastique, diététique, etc.) et psychiques (psychothérapie). Si je n'implique pas mon moi céleste dans l'aventure, cette évolution restera physique et psychique. Elle n'aura rien de spirituel. Ce serait comme si l'image projetée sur l'écran tentait de se rectifier seule, en faisant abstraction du projecteur et du film.

Ci-contre : gravure ancienne d'un ange gardien veillant un enfant assoupi (colorimétrie modifiée).

COLLABORER AVEC SON ANGE GARDIEN

Prenons une autre comparaison. La pièce dans laquelle je me trouve est plongée dans l'obscurité. Je peux m'asseoir dans n'importe quelle posture. Je peux m'abstenir de laitages ou de viande. Je peux tenter de manipuler l'obscurité par des pensées positives. Je peux consacrer des années à analyser ma peur de l'obscurité. Ça ne transformera jamais l'obscurité en lumière.

Pour que mon travail soit complet, je dois collaborer avec l'ange gardien. Plus précisément, je dois m'aligner sur mon moi céleste. Si mes efforts physiques et psychiques visent à m'aligner sur la diapositive parfaite pour que la projection se conforme au modèle, c'est gagné.

Autrement dit, le mot « évoluer » n'est pas le bon.

Je ne peux pas faire évoluer l'obscurité jusqu'à ce qu'elle devienne lumière. Ce que je peux faire, c'est ouvrir les volets pour laisser la lumière envahir la pièce. Le soleil a toujours été là. Je peux tirer le rideau pour laisser entrer la lumière du jour. C'est cela, la collaboration avec l'ange gardien.

La tradition hermétique et les contes pour enfants l'ont compris. Souvenez-vous du « *daïmon* de Socrate » (l'équivalent grec de l'ange gardien), de Virgile guidant Dante à travers les enfers (dans *La Divine Comédie*), de Jiminy Cricket ramenant Pinocchio dans le droit chemin, du lapin blanc guidant Alice dans le pays des merveilles...

Ci-contre : *L'ange gardien,* Gioacchino Assereto (XVIIe s.).

Témoignage

Voici un exemple de travail où Baptiste œuvre sans objectif particulier, ce qui situe sa prière à un niveau supérieur. La démarche est si bien décrite que je laisse son témoignage tel qu'il a été reçu.

« J'étais très motivé par la réalisation d'un pentacle, à la suite de la formation que j'avais suivie sur le sujet. Deux choses cependant ont ralenti ma démarche. S'agissant de quelque chose de nouveau pour moi, mon premier réflexe a été de rechercher un document, un guide pour me dire quel pentacle réaliser. Et puis il m'a fallu un temps pour me convaincre que j'étais « autorisé » à bénir l'eau et le sel…

En l'absence de guide (tant mieux sans doute), j'ai opté pour un choix au ressenti. En prenant le temps de faire défiler les pages, mon choix s'est porté sur L'ange gardien. *J'ai trouvé particulièrement intéressant d'observer ce moment du choix, car l'intuition fait réellement ressentir quelque chose (qui choisit qui ?). J'ai ensuite découvert avec intérêt les pouvoirs de ce pentacle : « Ce signe est puissant pour triompher des insomnies les plus rebelles… ». Or, j'ai depuis longtemps des problèmes récurrents de sommeil qui me laissent fatigué au réveil et qui semblent en corrélation avec un mal de dos très handicapant qui me tient depuis près de dix-huit mois. Dans une démarche mentale j'aurais cherché à soigner bien autre chose. Ou j'aurais cherché un pentacle "pour soigner le mal de dos", ou que sais-je ?*

Les anges gardiens,
New York,1892.

J'ai appliqué scrupuleusement la méthode vue en séminaire :

- *Jeudi : impression du pentacle après l'avoir agrandi. Puis je l'ai « redessiné » en repassant tous les traits à l'encre en restant concentré sur la représentation. Ce travail m'a rappelé l'écriture d'icône pratiquée un temps dans un atelier : la « recopie » n'a rien de mécanique, mais le trait révèle progressivement l'image et fait monter en nous le symbole...*
- *Vendredi : bénédiction de l'eau et du sel et du pentacle, en m'étant retiré dans la « chambre haute » et dans les conditions d'une concentration sans effort : calme, silence, une bougie, prières.*

Le résultat s'est manifesté dès le jeudi soir. Nuit parfaite, réveil détendu et reposé. Incroyable ! Et un mal de dos presque disparu. Après la consécration, deuxième nuit sans réveil intempestif toutes les heures, sans rêves pesants, sans tachycardie, sans épisodes d'apnée. Mal de dos ? Disparu.

Comme on peut l'imaginer, je suis très heureux de ce résultat et rempli pour éviter la ligne creuse et la césure, d'un profond sentiment de gratitude. »

L'ange gardien, Chicago, Illinois, 1874.

Enfant avec ange gardien, gravure de Cornelis Galle (I), d'après Anthony van Dyck (XVIIe s.).

21

L'AIGLE

QUAND UTILISER CE PENTACLE ?

- Protection
- Défense
- Contre la malveillance

PRÉSENTATION PAR L'ABBÉ JULIO

EXPLICATIONS

Attribut de l'Évangile de saint Jean : signe de la puissance dans les hautes sciences et de l'intelligence des choses les plus cachées.
En exergue : *Nolite tangere christos meos : et in prophetis meis nolite malignari.*
Ce qui signifie : « Ne touchez pas à ce qui m'est consacré ; à mes prophètes ne faites pas de mal. »
Autour de l'aigle rayonne le nom de JEHOVAH.

APPLICATIONS

C'est le signe de défense et de protection de tous nos délégués, de tous les guérisseurs, de tous les prêtres, vrais ministres du Seigneur.
Les traits lancés contre nous retournent infailliblement à l'auteur du méfait.

POUR ALLER PLUS LOIN

SOURCES BIBLIQUES

La phrase en alphabet sacré inscrite en exergue autour du pentacle est extraite du Psaume 105, que nous rencontrerons également dans le pentacle 40 (p. 226).

Le Dieu d'Israël fit alliance avec les patriarches, il leur promit le pays de Canaan, il les protégea alors qu'ils n'étaient qu'une simple famille. Mais parlons surtout de l'aigle.
Lors de l'exode des Hébreux d'Égypte, l'aigle apparaît comme un véhicule rapide qui porte haut et loin : « Vous avez vu vous-mêmes ce que j'ai fait à l'Égypte, comment je vous ai portés sur des ailes d'aigle et vous ai fait arriver jusqu'à moi. »
La théologie définit la prière comme « une élévation, une ascension de l'âme vers Dieu ». Dans cet esprit, Dante appelle Jean l'évangéliste – dont l'Évangile commence en partant du sommet des cimes (« Au commencement était le Verbe et le Verbe était Dieu... ») – « l'aigle du Christ » (*Le Paradis, chant 26*).
Dans ces sources bibliques, citons les « quatre êtres vivants » déjà rencontrés (p. 110, 114 et 116), les quatre animaux ailés tirant le char de la vision d'Ézéchiel : en commentant chacun d'eux, j'ai donné des informations qui se complètent les unes les autres. Leur origine remonte à la nuit des temps et nous les rencontrons dans plusieurs civilisations antiques avant de les retrouver dans la Bible avec Ézéchiel

Plaque avec l'aigle de saint Jean (XIVe s., Catalogne).

d'abord, puis avec Jean dans l'Apocalypse. Plus tard, les Pères de l'Église en firent l'emblème des quatre évangélistes : le lion pour Marc, le taureau pour Luc, l'homme pour Matthieu et l'aigle pour Jean.

LA LÉGENDE DE L'AIGLE

Ce pentacle est efficace lorsque des esprits malveillants tentent – dans l'ombre – de détruire votre travail alors que celui-ci est conforme à la volonté divine. Ailes déployées, l'aigle est un oiseau qui protège sa progéniture d'autres prédateurs.

Voici une métaphore (extraite du Deutéronome) de la protection que Dieu accorde à ses serviteurs : « Il est comme l'aigle qui encourage sa nichée : il plane au-dessus de ses petits, il déploie toute son envergure, il les prend et les porte sur ses ailes. »

Des légendes orientales montrent l'aigle s'élevant jusqu'au Soleil, jusqu'au

L'évangéliste Jean. Gravure sur bois de Julius Schnorr von Carolsfeld (XIXe s., Allemagne).

séjour des dieux. Elles rapportent que, cet oiseau s'approchant si près de l'astre divin, il arrivait, en sa vieillesse, que ses plumes se calcinent, et que pratiquement toute sa chair même se dessèche. Mais, étant revenu sur terre, l'oiseau se plongeait trois fois dans l'eau vive d'une fontaine et il en sortait régénéré, avec toute la pleine jouvence de ses premières années.

Plaque ornée du symbole de l'évangéliste Jean. (XIIᵉ s., France).

Le prophète David, dans le Psaume 103, s'en est inspiré : « Il [*le SEIGNEUR*] réclame ta vie à la fosse et te couronne de fidélité et de tendresse. Il nourrit de ses biens ta vigueur, et tu rajeunis comme l'aigle. »

Les maîtres anciens de la doctrine chrétienne appliquèrent à la résurrection du Christ cette parole et le symbolisme antique de l'aigle revivifié : « Il n'est à proprement parler qu'un seul et véritable aigle, c'est Jésus-Christ, notre Seigneur, dont la jeunesse a été renouvelée alors qu'il est ressuscité des morts. Après avoir déposé, en effet, les dépouilles d'un corps corruptible, il a refleuri en revêtant une chair glorieuse. »

La légende de l'aigle retrouvant sa jeunesse symbolisa aussi la résurrection du chrétien comme celle du Christ. La fontaine régénératrice dont l'eau procurait à l'aigle une nouvelle vie devint l'image de la cuve baptismale dont l'eau régénère les âmes. L'âme, par son effort vers Dieu, s'élève, accède à une autre réalité et vit ainsi, comme l'aigle, dans les régions supérieures.

Témoignage

François a bâti au fil des années un groupe d'étude spirituel ouvert à tous les courants. Une secousse sismique se produit quand un membre estime avoir découvert la vérité exclusive dans une petite chapelle. Tout aurait été pour le mieux si chacun avait poursuivi sa route. Mais l'un des membres estime devoir sauver les autres malgré eux et s'efforce de détruire le travail collectif, vu comme « diabolique ». François prépare donc le pentacle 21, « L'aigle », qui a pour fonction de rendre intouchable tout travail que la Divinité estime licite. En moins de deux jours, l'intéressé disparaît avec deux autres fauteurs de troubles. Le calme revient immédiatement.

22

ADONAÏ

QUAND UTILISER CE PENTACLE ?

- Grand danger
- Désespoir
- Abandon, solitude
- Pauvreté

PRÉSENTATION PAR L'ABBÉ JULIO

EXPLICATIONS

Les deux triangles concentriques sont le macrocosme et le microcosme, c'est-à-dire Dieu et l'homme, le créateur et les créatures, le grand univers et la petite planète Terre – alpha et oméga – Celui qui est et tout ce qui est.
Au centre du Pentagramme, le Tetragrammaton IEVE, l'Absolu. Autour, dans chaque petit triangle, le mot *Adonaï*, l'Éternel.
En exergue : *Deus noster Deus salvos faciendi, et Domini Domini exitus mortis.*
Ce qui signifie : « Notre Dieu est le Dieu qui a puissance de nous sauver, et c'est au Seigneur des Seigneurs qu'il appartient de dompter la mort. »

APPLICATIONS

Ce signe sert dans un grave péril, en danger de mort, dans la désespérance, quand on est abandonné de tous ou dans le dénuement complet.
Seriez-vous aux portes de la mort, au plus profond du précipice, dans les épaisses ténèbres, levez les yeux et votre cœur en haut : il est impossible qu'armé de ce signe, vous n'aperceviez pas un coin de ciel bleu, un rayon de vie et de salut. *In te, Domine, speravi, non confundar in aeternum.* « En vous seul, ô mon Dieu, j'ai mis mon espérance : je ne serai jamais confondu. »

POUR ALLER PLUS LOIN

SOURCES BIBLIQUES

La phrase en alphabet sacré inscrite en exergue autour du pentacle est extraite du Psaume 68, déjà rencontré dans le pentacle 11 (p. 106), et que nous rencontrerons également dans le pentacle 31 (p. 188).

L'abbé Julio a repris une phrase de la seconde partie du Psaume, qui dit les délivrances que Dieu a déjà opérées du sein de son sanctuaire et les conquêtes qu'il doit faire des nations pour obtenir les louanges de tout l'univers. Israël est invité à bénir son Dieu, qui soutient et qui sauve ses fidèles. Il les arrache aux périls et à la mort.

LE NOM PAR LEQUEL DIEU SE DÉSIGNE LUI-MÊME

Le tétragramme IHVH (*hvhi*) est un nom hébraïque se composant des quatre lettres *yōd* (י), *hē* (ה), *wāw* (ו) *hē* (ה). Souvent présenté comme le « nom propre » de Dieu, ce mot est alors désigné comme « le Tétragramme ». Cette expression fut entendue par Moïse au sommet du mont Horeb dans le désert du Sinaï. Il revient dans la Bible six mille huit cent vingt-trois fois.

L'épisode du « Buisson ardent » au rocher d'Horeb se trouve en Exode 3 :

« Moïse dit à Dieu : "Voici ! Je vais aller vers les fils d'Israël et je leur dirai : "Le Dieu de vos pères m'a envoyé vers vous". S'ils me disent : "Quel est son nom ? – que leur dirai-je ?" Dieu dit à Moïse : "JE SUIS QUI JE SERAI." Il dit : "Tu parleras ainsi aux fils d'Israël : JE SUIS m'a envoyé vers vous." »

Dans d'autres traductions, *Èhiè ashèr èhiè* (« Je suis qui Je serai ») est traduit mot à mot par « Je serai qui je serai » (Bible de Jérusalem), « Je suis celui qui est ». Et par *Ego sum qui sum*, « Je suis qui je suis » en latin.

De l'avis de Jean-Gaston Bardet (urbaniste qui s'est consacré à l'étude et à la pratique de la mystique catholique), il est traduit de façon plus habile et exacte par le *Dictionnaire d'Oxford*, grâce au jeu des auxiliaires anglais : *I Shall be that I Will be*, c'est-à-dire « Je serai Qui Je veux être. »

COMMENT SE PRONONCE LE TÉTRAGRAMME IHVH ?

La transmission de la prononciation du Nom par lequel Dieu se désigne lui-même est interrompue depuis des siècles. Même au temps où celle-ci était permise au grand prêtre lorsqu'il célébrait les offices du jour de Kippour au Temple de Jérusalem, elle demeurait secrète. Les Hébreux obéissaient à l'ordre en vertu duquel ils ne devaient pas prononcer le nom de IHVH sans raison valable.

Quand les textes bibliques ou liturgiques portent le Tétragramme IHVH, les juifs lisent *Adonaï* (qui signifie « Maître »). La tradition hébraïque de prononcer les consonnes IHVH en lui appliquant la vocalisation du terme « Adonaï », c'est-à-dire en intercalant ses trois voyelles « a », « o » et « a », a donné naissance en chrétienté, du XIVe siècle à nos jours, à la lecture « Jéhovah » (*IaHoVaH*).

a d **o** n **a** ï

I H V **H**

S'apercevant de leur erreur (la fusion de deux mots différents en un seul), quelques savants protestants ont aventuré la lecture *Yahvé* (ou *Yahweh*), entraînant à leur suite de nombreux catholiques et des juifs. Mais les concepts linguistiques sur lesquels elle reposait sont aujourd'hui contestés.

À l'initiative du pape Benoît XVI, la Congrégation pour le culte divin a envoyé une lettre, le 29 juin 2008, aux conférences épiscopales pour leur rappeler qu'on ne doit pas désigner Dieu par le mot « Yahweh ».

Dorénavant, conformément à l'usage juif, le Tétragramme est donc traduit dans la *Traduction œcuménique de la Bible* par « le SEIGNEUR » en majuscules. Si l'on préfère une transcription directe de l'hébreu, la seule attitude scientifique est de transcrire les seules consonnes IHVH.

Le buisson ardent, Sébastien Bourdon (XVIIe s., musée de l'Hermitage, Saint-Petersbourg, Russie).

L'origine du Nom divin

Il est possible que ce nom, ou une partie de ce nom, ait servi de composante à des noms de personnes. Dans une inscription égyptienne du temps de Ramsès II, le nom IHVH figure dans une liste de noms sémites, ceux de bédouins du sud du pays de Canaan.

Dans des fragments de la traduction d'Aquila (un traducteur de la Bible du IIe siècle), découverte récemment, ce nom se trouve écrit en lettres hébraïques, archaïsantes, celles qui avaient servi aux premières Écritures sacrées. C'était alors une sorte d'idéogramme, tracé comme tel au milieu du texte grec de la traduction. Il est probable que les lecteurs de ces volumes le lisaient en y superposant le mot grec *Kurios* (Seigneur).

Au IIe siècle de notre ère, IHVH était ainsi considéré comme un nom sacré, et peut-être comme le « mantra » magique et secret des Hébreux.

23
LA BÉNÉDICTION DE SAINT ANTOINE DE PADOUE

QUAND UTILISER CE PENTACLE ?

- Toutes peines et troubles

PRÉSENTATION PAR L'ABBÉ JULIO

EXPLICATIONS

Lisez : ✠ *Ecce crucem Domini ; fugite, partes adversae. Vicit leo de tribu Juda, radix David. Alleluia !*

C'est-à-dire : « ✠ Voici la croix du Seigneur ! Fuyez, puissances ennemies ! Il est vainqueur le lion de la tribu de Juda, de la race de David. Alléluia ! »

APPLICATIONS

Saint Antoine écrivit cette prière qu'il remit à une femme tentée de se suicider, et la tentation disparut aussitôt.

Des miracles se sont opérés et s'opèrent encore en portant et en récitant cette prière, dans les tentations, dans les afflictions, dans les peines et maux quelconques.

Statue de saint Antoine de Padoue (église Saint-Sulpice, Paris).

POUR ALLER PLUS LOIN

LE RITE DE LA CROIX

Le signe de la croix (plus probablement du *Tau* grec) tracé sur le front est un des rites les plus antiques de l'Église chrétienne. En signe de protection, les chrétiens se signaient sur le front avant les principales occupations de leur vie.
On lit dans l'Apocalypse : « Gardez-vous de nuire à la terre, à la mer ou aux arbres, avant que nous ayons marqué du sceau le front des serviteurs de notre Dieu. »
« Et je vis : l'agneau était debout sur la montagne de Sion, et avec lui les cent quarante-quatre mille qui portent son nom et le nom de son Père écrit sur leur front. »

Vitrail (détail) représentant saint Antoine de Padoue (XVIe s., basilique San Petronio, Bologne, Italie).

Ainsi, Jean Chrysostome, évêque de Constantinople, écrit : « C'est par la croix que tout est accompli. Le baptême est donné par la croix ; l'imposition des mains se fait par la croix. Et que nous soyons en voyage, à la maison, partout, la croix est un grand bien, une armure salutaire, un bouclier inexpugnable contre le démon. »
La croix défend le baptisé contre les démons. Elle le rend inviolable et met les démons en fuite. La croix prend valeur d'exorcisme. Non seulement les chrétiens traçaient avec leur pouce la croix sur leur front, mais nous avons des témoignages attestant la pratique de véritables tatouages !

LA VIE DE SAINT ANTOINE

Saint Antoine naquit vers 1195 à Lisbonne, dans une famille noble et militaire. Descendant de Charlemagne, il était apparenté à la famille de Godefroy de Bouillon, de qui sont issus les rois de Jérusalem – dont une branche s'implanta au Portugal.
Il suivit de brillantes études chez les chanoines réguliers de saint Augustin à Saint-Vincent de Fora puis au monastère de

Sainte-Croix de Coimbra (au Portugal), un important centre d'études et de vie religieuse, où il fut ordonné prêtre.
Antoine connaissait très bien la théologie et ses prédications rencontrèrent un grand succès, favorisant la conversion de nombreux hérétiques. Il fonda un monastère à Brive. Il fut d'ailleurs, comme Vincent Ferrier et Torquemada, surnommé le *marteau des hérétiques*.
En 1231, il fut envoyé à Padoue (Vénétie) où il poursuivit ses prêches durant le Carême.
Il mourut d'épuisement le 13 juin suivant à Arcelle, près de Padoue. Si son apostolat dura moins de dix ans, le rayonnement de ses paroles et de ses actes eut une portée internationale jusqu'à nos jours. Il fut canonisé dès le 30 mai 1232 par le pape Grégoire IX.
Le culte de saint Antoine de Padoue se répandit surtout aux xve et xvie siècles. Il devint le saint national du Portugal, que les explorateurs firent connaître au monde entier.

Pourquoi invoquer saint Antoine ?

Saint Antoine de Padoue est le patron des marins, des naufragés et des prisonniers. Également vénéré en Italie, son culte a été propagé par l'immigration italienne en France après la Première Guerre mondiale. À partir du xviie siècle, il fut aussi invoqué pour retrouver les objets perdus, puis pour recouvrer la santé, et enfin pour exaucer un vœu. L'idée d'invoquer saint Antoine pour retrouver les objets perdus vient du fait qu'un voleur qui lui avait dérobé ses commentaires sur les Psaumes se sentit obligé de les lui rendre.
De nombreux épisodes surnaturels lui sont attribués : comme le don d'ubiquité, se faire entendre et comprendre des poissons, ou avoir tenu une nuit l'enfant Jésus dans ses bras.

Gravure ancienne de saint Antoine de Padoue.

24

LA CONJURATION TOUTE-PUISSANTE

QUAND UTILISER CE PENTACLE ?

- Contre toutes les sortes d'attaques

PRÉSENTATION PAR L'ABBÉ JULIO

EXPLICATIONS

✞ *Christus vincit* : « Le Christ est vainqueur. » ✞ *Christus regnat* : « Le Christ règne. »
✞ *Christus imperat* : « Le Christ commande. »

APPLICATIONS

On peut écrire au verso la bénédiction de saint François d'Assise ; faire bénir et consacrer comme il est dit plus loin ; et alors on a une garde puissante contre les attaques de l'Ennemi qui ne s'endort jamais et nous guette sans cesse. De même soyons aussi toujours en garde et bien armé : c'est la prudence élémentaire.
Ce signe s'applique à toutes les circonstances : c'est le revolver de précaution.

>> Bénédiction de saint François d'Assise

✞ Que le Seigneur vous bénisse et vous garde ! Qu'il vous montre sa face et qu'il ait pitié de vous ! Qu'il tourne sur vous son visage et vous donne la paix ! ✞ N... (*prénom, âge, domicile*) que le Seigneur vous bénisse et vous accorde... (*précisez l'objet de votre demande*). Ainsi soit-il.

POUR ALLER PLUS LOIN

SOURCES BIBLIQUES

L'Ancien Testament prophétisait que le messie serait roi d'Israël. À partir de là, la situation était simple. Ou un candidat au rôle de messie finissait par prendre le pouvoir en Israël ou il échouait. Dans le second cas, il ne correspondait pas à l'un des critères annoncés, ce qui prouvait qu'il n'était pas l'Envoyé.

Quand ses disciples reconnurent le messie en Jésus de Nazareth, ils s'attendirent à ce qu'il monte sur le trône d'Israël. Mais les choses ne se passèrent pas ainsi. Jésus refusa toute confusion avec le pouvoir temporel (« Rendez à César ce qui est à César », « Mon royaume n'est pas de ce monde »). Par dérision, Pilate le fit revêtir un manteau de pourpre (couleur royale) et lui imposa une couronne d'épines. Sur la croix figura l'inscription ironique pour le clergé juif « Jésus de Nazareth, roi des juifs ». Face à cet échec, les juifs en déduisirent logiquement qu'il n'était pas le messie.

QUELQUES PROPHÉTIES DE L'ANCIEN TESTAMENT

« Le sceptre ne s'écartera pas de Juda, ni le bâton de commandement d'entre ses pieds, jusqu'à ce que vienne celui auquel il appartient et à qui les peuples doivent obéissance. »
C'est la première promesse de la Bible précisant que le messie à venir sera roi.
« Devant toi, ta maison et ta royauté seront à jamais stables, ton trône à jamais affermi. »

Jésus-Christ comme roi du monde, fresque de Karl von Blaas (XIXe s., église Altlerchenfelde, Vienne, Autriche).

Dieu révèle à David que le messie promis sera l'un de ses descendants :
« Livre des origines de Jésus Christ, fils de David, fils d'Abraham... »
« Comme les Pharisiens se trouvaient réunis, Jésus leur posa cette question : “Quelle est votre opinion au sujet du Messie ? De qui est-il fils ?” Ils lui répondirent : “De David”. »

Le messie sera de lignée royale.
« Car un enfant nous est né, un fils nous a été donné. La souveraineté est sur ses épaules. On proclame son nom : “Merveilleux – Conseiller, Dieu – Fort, Père à jamais, Prince de la paix.” Il y aura une souveraineté étendue et une paix sans fin pour le trône de David et pour sa royauté, qu'il établira et affermira sur le droit et la justice... »

Nous employons généralement ce texte à l'occasion de Noël. Il y est rappelé que le messie sera de la lignée de David, qu'il sera roi :
« Et toi, Bethléem Ephrata, trop petite pour compter parmi les clans de Juda, de toi sortira pour moi celui qui doit gouverner Israël. Ses origines remontent à l'antiquité, aux jours d'autrefois. »

Confirmation en est donnée ici : le messie a pour vocation de gouverner.
« C'est lui qui construira le temple du SEIGNEUR. C'est lui qui sera revêtu de majesté, il siégera sur son trône pour dominer. Un prêtre aussi siégera sur son trône, et tous deux témoigneront d'une entente parfaite entre eux... »
Ce verset unit les deux pensées : le messie promis sera sacrificateur et roi.

LE NOUVEAU TESTAMENT ET LA ROYAUTÉ DU CHRIST

L'ange promet à Marie que l'enfant qui naîtra d'elle sera un sauveur (son nom devra être « Jésus », c'est-à-dire « Sauveur »). Il sera Dieu. Par son côté humain, il descendra de la famille de David. Il sera roi. Dans l'Évangile de Luc, on lit : « Voici que tu vas être enceinte, tu enfanteras un fils et tu lui donneras le nom de Jésus. Il sera grand et sera appelé Fils du

Très-Haut. Le Seigneur Dieu lui donnera le trône de David son père ; il règnera pour toujours sur la famille de Jacob, et son règne n'aura pas de fin. »

Le jour des Rameaux, le dimanche avant la crucifixion, Jésus fut proclamé roi pour un instant. L'Évangile de Jean montre que le Christ accepta ce titre. Mais dans quel sens ?
« Déjà il approchait de la descente du mont des Oliviers, quand tous les disciples en masse, remplis de joie, se mirent à louer Dieu à pleine voix pour tous les miracles qu'ils avaient vus. Ils disaient : "Béni soit celui qui vient, le roi, au nom du Seigneur ! Paix dans le ciel et gloire au plus haut des cieux !" »
« Pilate lui dit alors : "Tu es donc roi ?" Jésus lui répondit : "C'est toi qui dis que je suis roi. Je suis né et je suis venu dans le monde pour rendre témoignage à la vérité. Quiconque est de la vérité écoute ma voix". »
Ceux qui se moquèrent de Jésus tournèrent en dérision sa royauté : « Les soldats, qui avaient tressé une couronne avec des épines, la lui mirent sur la tête et ils jetèrent sur lui un manteau de pourpre. Ils s'approchaient de lui et disaient : "Salut, le roi des Juifs !" et ils se mirent à lui donner des coups. »
Après la mort et la résurrection de Jésus, ses disciples continuèrent à enseigner que Jésus est roi. Jésus-Christ règne actuellement sur toutes choses (Évangile de Matthieu). C'est l'avènement du Christ (Évangile de Matthieu). Le Christ règne dans notre vie (Évangile de Luc). Concrètement, le Christ est roi du peuple des baptisés, non d'un territoire.

La France et le pouvoir du Christ

Le cas de la France est particulier. Certes, Jésus refusa toujours le pouvoir temporel. Mais la France fut, dès ses origines, volontairement confiée au pouvoir du Christ. Pendant un millénaire, dès Clovis, elle fut gouvernée par délégation. Par le sacre, l'autorité spirituelle investissait le pouvoir temporel.
Les acclamations carolingiennes chantées lors des cérémonies du sacre reprenaient l'ancienne coutume franque de l'élection du roi par sa montée sur le pavois. L'une de ces acclamations était la suivante : *Christus vincit, Christus regnat, Christus ímperat !* « Le Christ vainc, le Christ règne, le Christ commande ! »
Volontairement confiée au pouvoir du Christ, la France le fut encore par l'intermédiaire de Marie. Le 10 février 1638, le roi Louis XIII prononça un vœu solennel. Il déclara prendre « la très sainte et glorieuse Vierge pour protectrice spéciale de son royaume ».

25
ELOÏM

QUAND UTILISER CE PENTACLE ?

- Réussite
- Prospérité des commerces et entreprises
- Protection de la maison et de la famille

PRÉSENTATION PAR L'ABBÉ JULIO

EXPLICATIONS

Au centre : ELOIM.
En exergue : *Adiciat Dominus supervos, super vos et super filios vestros.*
Ce qui signifie : « Que le Seigneur vous comble de biens, vous et vos enfants ! »

APPLICATIONS

Réussite. Prospérité. Fortune. Affaires temporelles. Commerce. Entreprises.
Bénédiction de la famille, de la maison, de la femme, des enfants.

POUR ALLER PLUS LOIN

SOURCES BIBLIQUES

La phrase en alphabet sacré inscrite en exergue autour du pentacle est extraite du Psaume 115.

Les voisins d'Israël ne se rendaient pas bien compte des différences religieuses qu'il y avait entre ce peuple et eux-mêmes. Ils jugeaient de son Dieu de la même manière que les leurs. Israël était faible, malheureux, exilé ; son Dieu leur paraissait impuissant.
Israël avait une tout autre conception. Dieu avait choisi Israël, il le châtiait pour ses fautes, il le délivrait, il le relevait par fidélité à ses promesses. Israël pouvait donc mettre en lui son absolue confiance. D'ailleurs, en restaurant Israël après l'exil à Babylone, il avait témoigné qu'il n'avait pas oublié son peuple. Il se préparait à lui octroyer de nouveaux bienfaits.

D'UN DIEU EXCLUSIF AU DIEU UNIQUE

Pour comprendre le problème que pose le mot *Elohîms*, il convient de revenir aux origines du judaïsme. Lorsque son histoire commence, le peuple hébreu est polythéiste. Il conçoit sa divinité nationale comme supérieure à d'autres. Il s'établit une alliance entre ce dieu et ce peuple. C'est un contrat d'exclusivité. Le peuple hébreu s'engage à rendre un culte à ce seul dieu ; en retour, ce dieu protège collectivement ce peuple et assure sa postérité.
L'émergence du monothéisme judaïque exclusif est liée à l'Exil. En 597 av. J.-C., l'armée babylonienne renverse le Royaume de Juda, l'occupe et déporte en exil à Babylone la famille royale, l'intelligentsia et les classes supérieures. Dix ans plus tard, les Babyloniens ruinent

Phillip Medhurst,
Illustration Torah 3.
Création. Genèse,
ch.1, v. 10.

Jérusalem et détruisent son Temple ; il s'ensuit une seconde déportation. C'est au sein de cette élite déportée et de sa descendance que l'on trouve la plupart des rédacteurs des textes de l'Ancien Testament qui apporteront la réponse monothéiste au choc engendré par cette succession de catastrophes.

Non seulement la défaite n'est pas due à l'abandon par Dieu, mais c'est au contraire l'occasion de le présenter comme seul et unique Dieu. Dans les récits que les intellectuels judéens écrivent alors, la destruction de Jérusalem n'est pas un signe de faiblesse de Dieu. Elle montre au contraire la puissance de celui qui a instrumentalisé les Babyloniens pour punir les rois et le peuple qui n'ont pas respecté ses commandements.

ELOÏM, ELOHIM ET ELOHÎMS

Le premier Nom divin écrit dans la Bible est transcrit par *Eloïm* par l'abbé Julio, *Elohim* dans les Bibles contemporaines, par *Elohîms* dans la traduction d'André Chouraqui.

Ce premier Nom divin est aussi le plus général. Il suggère une idée de puissance et de priorité. Traduire par « Dieu », c'est perdre le sens profond véhiculé par l'hébreu. Que signifie ce nom *Elohîms* ?

Elohîms est un nom au pluriel, d'où le « s » ajouté à sa transcription habituelle (*Elohim*) par André Chouraqui. Dans les langues sémitiques, c'est le terme générique pour désigner l'ensemble des divinités. Dans ce contexte des origines, il désignerait « les Puissances ».

Elohîms désigne plus spécifiquement dans la Bible les « puissances effectuantes » de Dieu, celles qui réalisent son « projet » de création des ciels et de la terre.

André Chouraqui souligne le paradoxe : le Dieu unique des Hébreux est désigné dans la Bible par un nom au pluriel, avec ou sans article, *Elohîms*, *les Elohîms*.

Témoignage

Depuis plusieurs mois, Rémy cherche à vendre son cabinet d'ostéopathe à Paris, sans succès. Au cours d'une formation sur les pentacles, un dimanche après-midi, nous consacrons le pentacle qu'il avait préparé. Deux heures plus tard, la formation terminée, il repart. Sur le chemin du retour, alors que c'est dimanche, il reçoit dans sa voiture un appel téléphonique d'une personne qui veut se renseigner. Cette personne finira par acheter le cabinet. C'est un pentacle qui a fonctionné dans les deux heures qui ont suivi sa consécration !

David a dans son entourage une personne qui rencontre des problèmes financiers dans son commerce. C'est un problème récurrent, auquel il faut apporter des réponses de fond (emplacement, etc.). Dans l'immédiat, il faut sauver les meubles, d'où la préparation d'un pentacle par David. Pour qu'il s'implique, David demande à l'intéressé d'ajouter les couleurs et de travailler sur le sens du psaume. À la fin de la première semaine, la personne réussit à atteindre son objectif alors que des blocages s'étaient présentés. À la fin de la deuxième semaine, la personne se manifeste à nouveau : « Je ne comprends pas, j'ai réalisé le chiffre d'une excellente semaine, alors qu'on est en fin de mois et que j'aurais dû faire largement moins. » Le pentacle fonctionne à merveille. Il va être possible de mettre en œuvre les mesures de fond.

Emblème allégorique de la paix de Rijswijk, auteur anonyme (XVIIe s., Hollande).

26

JÉHOVAH

QUAND UTILISER CE PENTACLE ?

- Contre la pauvreté et l'abandon
- Courage et santé
- Aisance financière
- Réussite professionnelle

PRÉSENTATION PAR L'ABBÉ JULIO

EXPLICATIONS

La première lettre du nom de Jéhovah dans un triangle.

En exergue : *Oculi ejus in pauperem respiciunt : palpebrae ejus interrogant filios hominum.*

Ce qui signifie : « Les yeux du Seigneur tombent avec complaisance sur le pauvre abandonné, et ses paupières interrogent les fils des hommes. »

Jéhovah – Ode, Paul-Henri Regereau (XVIIIe s., Crayon et encre sur papier, Paris).

APPLICATIONS

On ne le croira jamais : le pauvre dénué de tout, non par ses vices, mais par l'enchaînement et la fatalité des choses ; l'isolé sans ami, l'abandonné sans consolateur sont les préférés du Seigneur, qui les suit d'un œil maternel jusqu'à la fin de la course pénible de la vie.

Donc, malgré vos pieds ensanglantés, courez jusqu'au but final et vous verrez ce qu'est la couronne dans l'au-delà.

Le riche, le satisfait, le rassasié crachent sur la main du bienfaiteur, ils piétinent sur place, ils sont trop chargés d'or ou de victuailles. Incapables de courir, ils n'atteindront jamais le but : Dieu les ignore.

Cela n'empêche pas le vaillant coureur d'épreuves de demander un réconfort, une aide.

Ce signe est donc pour obtenir secours dans la pauvreté ou l'abandon, une honnête aisance par le travail, un bon emploi, la santé et le courage. Aide-toi et le ciel t'aidera !

Plafond de la cathédrale de Lviv en Ukraine, représentant le nom de Dieu, Jéhovah, en tétragramme (XVIIe s. tardif, Ukraine).

POUR ALLER PLUS LOIN

SOURCES BIBLIQUES

La phrase en alphabet sacré inscrite en exergue autour du pentacle est extraite du Psaume 11.

Contre le criminel, il n'est de refuge qu'en Dieu. La tentation serait d'employer des moyens humains, la fuite vers les montagnes (celles-là même des tentateurs ?), au lieu de se retirer dans une retraite surnaturelle en face de Dieu.

JÉHOVAH ET LE TÉTRAGRAMME IHVH

Dans les cérémonies sacrées du Temple de Jérusalem, on proférait jadis, clairement et distinctement, le Nom révélé à Moïse (voir p. 154-155).
Le grand prêtre le prononçait dix fois pendant l'office de la fête des Expiations, la plus solennelle de l'année. Les simples prêtres le proféraient trois fois, quand ils donnaient la bénédiction au peuple, selon la formule prescrite au Livre des Nombres.

LA PRONONCIATION DU NOM SE PERD

Lors de la fête de l'Expiation, le grand prêtre pénétrait dans le Saint des Saints, la partie la plus intérieure du Temple de Jérusalem. Là, il prononçait le Nom divin.
Cette prononciation du Nom divin s'est perdue à la mort de Siméon Ier, mort en 270 avant J.-C. Un jour de la célébration des Expiations, il revint mélancolique du Saint des Saints. Comme on lui en demandait la cause, il

expliqua qu'à chaque anniversaire des Expiations, « un personnage habillé de blanc » entrait avec lui dans le Saint des Saints et en ressortait avec lui. Cette fois, l'apparition était « habillée de noir ». Elle l'avait conduit mais n'était pas sortie avec lui, signe que cette année était pour lui la dernière. Il mourut sept jours après.

La *Jewish Encyclopedia* nous indique, d'après le Talmud, qu'après la mort de Siméon « les hommes cessèrent de prononcer à haute voix le Tétragramme sacré » : IHVH (désignant Dieu). Le Tétragramme avait déjà été confié à deux traditionnaires. Après la mort du premier, seul resta Siméon le Juste. Et ce dernier, bien que sachant l'échéance de sa mort, ne transmit point le sens parfait du Tétragramme, lequel fut donc perdu.

De nombreux substituts lui furent trouvés : le Seigneur, le Très-Haut, le Tout-Puissant, le Saint, le Fort, le Ciel, le Lieu, la Parole, le Nom, et d'autres encore.

Phonétique et Tétragramme

Quelques érudits ont affirmé que la prononciation du Tétragramme – parce que composé de quatre consonnes – n'avait jamais existé. Le bon sens constate que, face à Moïse, Dieu n'est pas aphone. Il a bien communiqué, par la parole, son Nom à Moïse. Il ne l'a pas écrit sur le roc des Tables de la Loi. Il fallait pour cela qu'il soit audible, et qu'il comporte des voyelles. Si ces lettres n'avaient été que consonnes, comment aurait-on pu prononcer le Tétragramme IHVH ?

Jean-Gaston Bardet (urbaniste qui s'est consacré à l'étude et à la pratique de la mystique catholique), armé de beaucoup de logique, a répondu très simplement : « comme il s'écrit ». C'est-à-dire « I E Ou A ».

Finalement, la prononciation « Iehouah », transmise par les rabbins du Moyen Âge (sans doute Sephardim), était peut-être exacte...

Eusèbe de Césarée, au IIIe siècle, dans sa *Préparation Évangélique* (L. 11, ch. VI), laisse entendre que le Nom ineffable, en hébreu, correspond phonétiquement à une ouverture de plus en plus grande de la bouche, allant du I vers le A.

27

LE PENTAGRAMME

QUAND UTILISER CE PENTACLE ?

- Talisman suprême
- Contre tout esprit malfaisant
- Contre les calomnies et ragots

PRÉSENTATION PAR L'ABBÉ JULIO

EXPLICATIONS

En exergue : *In memoria aeterna erit justus, ab auditione mala non timebit.* Ce qui signifie : « La mémoire du juste sera éternelle : il n'aura jamais rien à craindre de l'odieuse calomnie. »

[*Nous rencontrons l'image du Pentagramme sous diverses formes dans les livres de l'abbé Julio, dont un pentacle et une médaille en or avec sa face et son envers. Voici leur description faite par l'abbé lui-même.*]

Les deux faces de la médaille de force.

>> Médaille

Le Pentagramme est la médaille de force, le signe de la puissance par excellence. Sur la première face, on lit TETRAGRAMMATON, le grand nom des quatre lettres IEVE. Sur la seconde face, le nom de Mikaël qui, en hermétisme, est l'ange ou le génie solaire, dont le métal est l'or, dans les triangles ADONAI. Le Verbe évoluant, la création est l'union du causal et du causé par le Tri-un qui les unit.

>> Bénédiction de la médaille

[*Cette bénédiction doit être faite par un initié ; de préférence dans la nuit de l'Épiphanie.*]
Cette médaille, dont les deux faces sont ici reproduites, est le préservatif contre tout mal, et par excellence contre toutes attaques des démons, des entités nuisibles quelconques de l'astral, et de leurs suppôts ici-bas, attaques qui se traduisent sur le plan physique par les maladies plus ou moins étranges, par les déceptions, par les persécutions les plus atroces, par les revers et la ruine. Cette médaille doit être en or. Elle doit être gravée, préparée d'une façon toute spéciale et mystérieuse, à des jours, à des heures déterminées, par un initié puissant [*c'est-à-dire un prêtre qui en comprend le sens*], puis bénite et consacrée dans une messe spéciale.

>> Pentacle

Ce signe du Pentagramme est en tête du volume, dans le volume et à la fin du volume, parce qu'il résume tout.
Ce signe est proposé à ceux qui ne peuvent se procurer le Pentagramme d'or. Le triangle dans le Pentagramme et l'étoile entourée du Nom de Jéhova.

APPLICATIONS

Il est une protection et une défense pour ceux qui sont victimes des racontars, des mauvaises langues, et surtout de l'épouvantable calomnie, plus perfide que le poison ou le poignard.

Il est un fait avéré, c'est que dans les évocations de la magie cérémonielle, évocations dont la pratique est excessivement dangereuse et, pour cette raison condamnée à juste titre par l'Église pour en éloigner l'innombrable troupeau des faibles (*imbecillium*), certaines Puissances de l'astral résistent au signe de la croix, tandis qu'elles fuient et se dissolvent devant le pentagramme.

Pourquoi ce mystère et cette étonnante contradiction ? C'est que, dans le plan de l'invisible, il n'y a pas que des démons qui, eux, croient et tremblent : il y a aussi des entités malfaisantes et dangereuses qui ne croient pas et ne peuvent être atteintes par la foi, mais par d'autres armes foudroyantes. De même, il est des malfaiteurs qui n'ont aucune crainte de piller les églises, de fouler aux pieds les saintes hosties, mais qui tremblent devant un tricorne de gendarme et, bien plus encore, devant un revolver braqué sur eux.

Eh bien ! Le Pentagramme, c'est le gendarme, c'est le revolver à douze coups aussi foudroyants que l'éclair, c'est le signe de la toute-puissance sur le second plan, c'est-à-dire contre les indigènes de l'astral, et par extension contre les démons qui souvent se cachent derrière eux. C'est la quintessence des médailles protectrices, ou le talisman suprême, selon le langage dont on a coutume de se servir. Voici ce qu'en dit Stanislas de Guaïta, un occultiste et poète français du XIXe siècle : « L'Étoile Flamboyante du microcosme constitue le parfait emblème du mystère, qui est le corollaire du grand arcane divin et humain : inconscience et volonté, chute et réintégration, épreuve et béatitude : Dieu se faisant homme, pour que l'homme à son tour se fasse Dieu ; la mort physique, enfin, motif discordant, qui prélude au concert de la vie éternelle. »

Ce qui explique la vertu merveilleuse qu'acquièrent ces pentacles dans la main d'un adepte, c'est qu'expressifs, de temps immémorial, de la domination que le mage exerce sur les esprits élémentaires et sur d'autres races encore des royaumes de l'invisible, de tels caractères constituent comme les signaux convenus du Maître incarné à ses serviteurs d'outre-monde.

POUR ALLER PLUS LOIN

SOURCES BIBLIQUES

La phrase en alphabet sacré inscrite en exergue autour du pentacle est extraite du Psaume 112.

Ce Psaume montre le juste fidèle envers son Dieu et bienfaisant envers son prochain.
Lorsque le juste révère son Dieu et lui obéit, il reçoit en retour une postérité féconde, une prospérité personnelle, la joie y compris dans les épreuves.
Lorsqu'il imite la bonté de son Dieu, il reçoit en retour la sécurité, le triomphe sur les ennemis, son souvenir restera dans la mémoire des hommes.

LE PENTAGRAMME DES PYTHAGORICIENS

On a retrouvé des pentagrammes (du grec *penta*, cinq) en Mésopotamie datant de 3500 ans avant J.-C. À l'époque, en Babylone, le pentagramme est un moyen de guérison.
Le pentagramme était le symbole de Pythagore et de ses condisciples. Pour lui, il représentait l'harmonie, la santé, la beauté, la perfection et le commencement. Pour les gnostiques, il symbolisait l'eau, le feu, la terre, l'air et la lumière astrale.
Le pentagramme existe sous deux formes : pointe vers le haut et pointe vers le bas. Pointé vers le haut, il est bénéfique et, comme toute figure tracée d'un trait, protège contre le mal. Pointé vers le bas, il semble représenter un bouc. Il évoque le Baphomet (bouc de Mendès) : Mendès est un lieu d'Égypte où fut adoré Baal, dieu de la fertilité. Cette symbolique n'a pas échappé à l'Église catholique qui dénatura ce symbole païen en symbole satanique.

LE PENTAGRAMME CHEZ LES CHRÉTIENS

Pour les chrétiens, le pentagramme symbolisait les cinq plaies du Christ : les quatre stigmates dus à sa crucifixion et la blessure au côté faite par la lance de Longinus.
Autour de son pentacle, l'abbé Julio dispose les quatre lettres par lesquelles Dieu se nomme : IHVH. Nous l'avons vu à plusieurs reprises (voir p. 76-77, 154-155 et 170-171) : ce groupe de quatre lettres est nommé « Tétragramme » (du grec *tetra*, quatre). Or, le pentagramme (l'ensemble de cinq lettres) se forme par adjonction du Sh (*Shin* en hébreu) pour donner le pentagramme YH**Sh**VH, c'est-à-dire le nom *Ieschoua* (Jésus).

28
LA FORMULE DE GUÉRISON

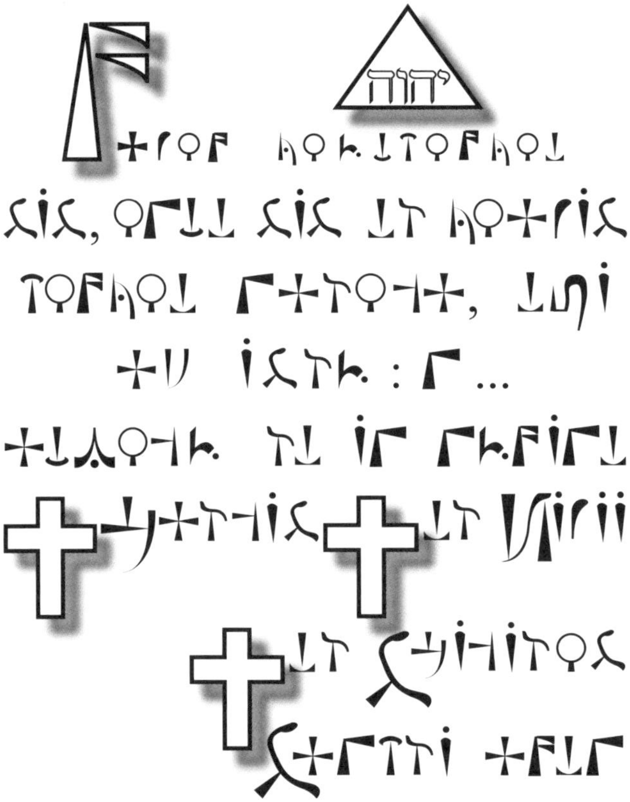

QUAND UTILISER CE PENTACLE ?

- Maladies graves
- Obsessions

PRÉSENTATION PAR L'ABBÉ JULIO

EXPLICATIONS

Au centre : *Malum quodcumque sis, unde sis et qualis cumque natura, exi ab isto N..., adjuro te in nomine ✝ Patris ✝ et Filii ✝ et Spiritus Sancti. Amen.* Ce qui signifie : « Mal, qui que tu sois, d'où que tu viennes, quelle que soit ta nature, je t'ordonne de quitter N... (*nom et prénom de la personne*), au nom ✝ du Père ✝ et du Fils ✝ et du Saint-Esprit. Ainsi soit-il. »

APPLICATIONS

En certaines circonstances graves, telles que maladies sérieuses ou obstinées, dans les cas d'obsession ou de possession, cette prière portée est la répétition continuelle et permanente de la parole et de la prière salvatrice.

POUR ALLER PLUS LOIN

LE TRIANGLE ET LE NOM DIVIN

En tête de la formule de guérison, nous reconnaissons le triangle, image de la Trinité. La Trinité est expliquée dans la description du pentacle 1 (p. 58). À l'intérieur du triangle, on reconnaît le Tétragramme – le groupe de quatre lettres – IHVH. C'est le nom par lequel Dieu se désigne lui-même. Ce nom est expliqué dans la description des pentacles 4 (p. 74), 22 (p. 152) et 26 (p. 168). Ce motif combinant le triangle et le nom divin reproduit le pentacle 4, le Triangle divin (p. 74).

Cocarde représentant Jésus guérissant un aveugle (XVIe s.).

GUÉRIR LES MALADES

L'action de guérir les malades est clairement présente dans les Évangiles. Comme Jésus le précise (Évangile de Marc), c'est une simple conséquence de l'état de chrétien : « Et voici les signes qui accompagneront ceux qui auront cru : en mon nom, ils chasseront les démons, ils parleront des langues nouvelles, ils prendront dans leurs mains des serpents, et s'ils boivent quelque poison mortel, cela ne leur fera aucun mal ; ils imposeront les mains à des malades et ceux-ci seront guéris. »

Vous amenez un paralytique à un évangéliste. Vous le laissez lui dire : « Lève-toi et marche ! » Si vous voyez le paralytique se lever, vous avez affaire à un vrai chrétien, qu'il soit gitan illettré ou docteur en théologie.

LA MULTIPLICATION DES GUÉRISONS

Les historiens reconnaissent ce rôle des signes dans la diffusion du christianisme. Ramsay MacMullen, de l'Université de Yale, rappelle que la guérison des maladies psychiques et physiques est une des causes expliquant la diffusion rapide du christianisme.

Imaginons la situation suivante. Un Palestinien dépenaillé force la porte d'une maison romaine où se meurt un enfant. Il en ressort une heure plus tard en tenant par la main l'enfant guéri. La mère ne discute pas longtemps les détails d'une doctrine qui restait d'ailleurs en grande partie à élaborer. Vous pouvez compter sur elle pour convertir la famille.

Les guérisons n'étaient pas l'apanage de Jésus et elles se sont poursuivies – sur sa demande – après lui. Voici un petit florilège de citations extraites du Nouveau Testament.

Jésus guérisseur, fresque de Lattanzio (XVIe s., Parme, Italie).

La guérison de l'homme aveugle de naissance, anonyme (XVIe s.).

« Ayant réuni les Douze, il leur donna puissance et autorité sur tous les démons et il leur donna de guérir les maladies. Il les envoya proclamer le Règne de Dieu et faire des guérisons... » (Évangile de Jean)

« Ils partirent... Ils chassaient beaucoup de démons, ils faisaient des onctions d'huile à beaucoup de malades et ils les guérissaient. » (Évangile de Marc)

« On en venait à sortir les malades dans les rues, on les plaçait sur des lits ou des civières, afin que Pierre, au passage, touche au moins l'un ou l'autre de son ombre. La multitude accourait aussi des localités voisines de Jérusalem, portant des malades et des gens que tourmentaient des esprits impurs, et tous étaient guéris. » (Actes des apôtres)

« Les foules unanimes s'attachaient aux paroles de Philippe, car on entendait parler des miracles qu'il faisait et on les voyait. » (Actes des apôtres)

Il faudrait ajouter de nombreux autres passages des Actes des apôtres attestant des guérisons – sans parler des résurrections ! – accomplies par Pierre et Paul...

29

L'AMOUR TROUBLÉ

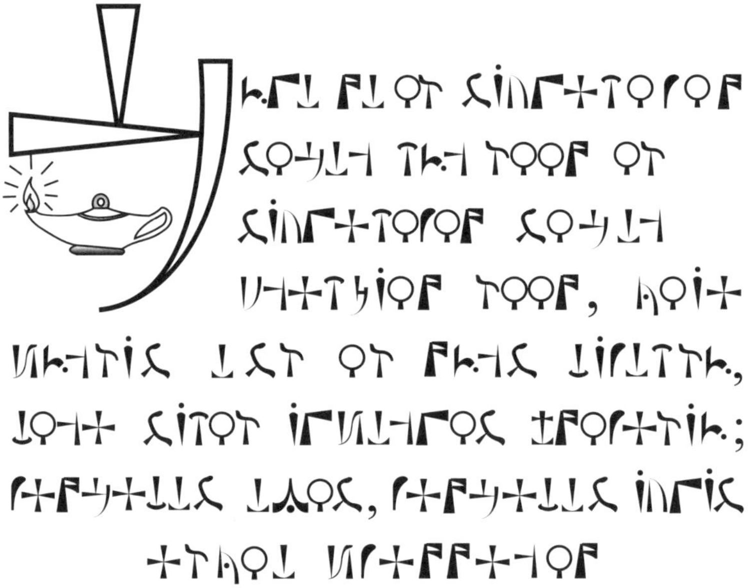

QUAND UTILISER CE PENTACLE ?

- Aide en amour

PRÉSENTATION PAR L'ABBÉ JULIO

EXPLICATIONS

Au centre : *Pone me ut signaculum super cor tuum, ut signaculum super brachium tuum, quia fortis est ut mors dilecto, dura sicut infernus aemulatio ; lampades ejus, lampades ignis atque flammarum.*
Ce qui signifie : « Mettez-moi comme un signe sur votre cœur, comme un signe sur votre bras, car l'amour est fort comme la mort, la jalousie pire qu'un enfer ; son flambeau est un flambeau de feu en flammes qui dévorent. »

APPLICATION

Vous pensez bien qu'il ne s'agit pas ici d'amours impures, d'amours illégitimes, mais du vrai Amour auquel toute âme a droit en ce monde, mais trop souvent traversé du fait des âmes perverses. Donc ce signe est de grande aide dans un amour troublé, dans un amour perdu, dans un amour à recouvrer, dans une jalousie à vaincre, dans une rivalité injuste à détruire, dans des désordres intimes à réprimer, dans un scandale à étouffer. Que sais-je encore ? Les causes et les effets sont multiples.

POUR ALLER PLUS LOIN

LE TRIANGLE ET LE NOM DIVIN

Le texte en alphabet sacré inscrit à l'intérieur du pentacle est extrait du Cantique des Cantiques.
Il commence avec l'image de la lampe des catacombes, motif du pentacle 7 (p. 88).

Une lecture attentive des cent dix-sept versets qui composent le Cantique des Cantiques révèle deux plans de signification qui se marient : selon André Chouraqui (auteur de la traduction commentée, faisant mondialement référence, de la Bible), un plan humain, où l'auteur met en scène un homme et une femme unis par l'amour, et un plan cosmique relatif à la création entière... Aussi la poésie hébraïque marie-t-elle ici l'humain au cosmos ; elle voit le réel sous la forme d'un homme, et dans cet homme la totalité de l'univers.

Cantique des Cantiques, Gustave Moreau (XIXe s.)

LES DEUX COMMANDEMENTS DE JÉSUS

Lorsqu'il lui est demandé de résumer son enseignement, Jésus promulgue deux commandements. Dans l'Évangile de Matthieu, on lit : « "Maître, quel est le grand commandement dans la Loi ?" Jésus lui déclara : "Tu aimeras le Seigneur ton Dieu de tout ton cœur, de toute ton âme et de toute ta pensée. C'est là le grand, le premier commandement. Un second est aussi important : Tu aimeras ton prochain comme toi-même. De ces deux commandements dépendent toute la Loi et les Prophètes". »

L'OBSERVANCE DES COMMANDEMENTS

Quelques évangélistes s'acharnent encore à imposer une multitude d'observances issues de l'Ancien Testament, en condamnant à la perdition toute personne en désaccord avec leurs vues. C'est oublier les deux commandements de Jésus, dont l'observation rend obsolètes les interdits alimentaires ou comportementaux, et libère de toutes les contraintes rituelles. Au point, que dans sa Lettre aux Romains, Paul écrit :
« N'ayez aucune dette envers qui que ce soit, sinon celle de vous aimer les uns les autres ; car celui qui aime son prochain a pleinement accompli la Loi. En effet, les commandements "Tu ne commettras pas d'adultère", " Tu ne tueras pas", " Tu ne voleras pas", " Tu ne convoiteras pas", ainsi que tous les autres, se résument dans cette parole : "Tu aimeras ton prochain comme toi-même." L'amour ne fait aucun tort au prochain, l'amour est donc le plein accomplissement de la Loi. »

LA GRANDEUR DE L'AMOUR

Dans sa Lettre aux Corinthiens, Paul affirme que l'amour est supérieur à la foi :
« Quand je parlerais en langues, celle des hommes et celle des anges, s'il me manque l'amour, je suis un métal qui résonne, une cymbale retentissante. Quand j'aurais le don de prophétie, la science de tous les mystères et de toute la connaissance, quand j'aurais la foi la plus totale, celle qui transporte les montagnes, s'il me manque l'amour, je ne suis rien. Quand je distribuerais tous mes biens aux affamés, quand je livrerais mon corps aux flammes, s'il me manque l'amour, je n'y gagne rien [...] Maintenant donc des trois-là demeurent, la foi, l'espérance et l'amour, mais l'amour est le plus grand. »

LE PUR AMOUR

Au-delà de toutes les observances, se situe le mystère de l'amour envers Dieu et son prochain. Il ne s'agit pas de morale. Le pur amour est la seule voie pour accéder à la vraie gnose, pour comprendre Dieu : « Qui n'aime pas n'a pas découvert Dieu, puisque Dieu est amour », lit-on dans l'Épître de Jean. Lorsque celui-ci écrit que « Dieu est amour », il révèle un mystère plus grand encore. Dieu n'est pas quelqu'un qui aime ; ce que dit Jean, c'est « Dieu est amour ». Autrement dit, il est l'Amour en acte, l'Amour en éternel déploiement, l'Amour diffusif.

Cet amour, qui irradie à travers le cœur de l'homme, fait voler en éclat le serpent qui l'enserre. Cet Amour radiant, c'est le feu qui régénère l'homme dans son intégralité, corps et âme.

Témoignage

L'objectif d'un pentacle n'est pas d'obliger une tierce personne à s'adapter à nos désirs. Voici un exemple de pentacle dont le résultat est autre que celui visé. Voici le témoignage de Catherine.

« Nous sommes début avril et depuis quelque temps, ma fille me demande de reprendre contact après cinq ans d'absence avec ma meilleure amie dont elle porte le prénom et qu'elle considérait comme sa grand-mère. Le ressentiment est tel que je ne suis pas très favorable à cette demande. Pourtant, curieusement, je sens que je peux le faire en me disant que je vais me faire aider par un des pentacles de l'abbé Julio. Je choisis « L'amour troublé » et décide d'appeler mon amie le lendemain.

Je prépare mon pentacle et le mets sous l'oreiller le samedi soir en me disant que je téléphonerai dimanche matin à 11 heures pour reprendre contact. Je ne sais plus où j'ai lu cela, mais il était conseillé de faire attention à nos songes lorsque nous utilisons un pentacle. Je n'y ai pas prêté vraiment attention car je ne « rêve pas », je dors comme une souche, et je n'ai aucun souvenir si je rêve dans la nuit. Et bingo, cette nuit-là, je rêve et me souviens de mon rêve au matin. Je n'ai pas rêvé de cette amie, mais d'une autre rupture vieille de près de quarante-cinq ans qui m'avait profondément marquée, voire traumatisée, mais qui n'a jamais habité mes nuits. Le rêve se répète trois fois en très peu de temps.

Il n'y a pas eu de suite à mon appel. Je ne peux pas dire que le pentacle n'a pas fonctionné, car il a réveillé une douleur très ancienne sans répondre pour autant à ma demande. Je crains que ma fille ne doive faire le deuil de sa grand-mère de substitution. »

30

L'AGNEAU

QUAND UTILISER CE PENTACLE ?

- Contre les maladies (hommes et animaux domestiques)

PRÉSENTATION PAR L'ABBÉ JULIO

EXPLICATIONS

En exergue : *Tu, Domine, qui sanas homines et animalia.*
Ce qui signifie : « C'est vous seul, Seigneur, qui guérissez les hommes et les animaux. »

APPLICATIONS

Maladies des hommes. Maladies des animaux : chevaux, mulets, ânes, bœufs, vaches, veaux, moutons, agneaux, lapins, poules, et autres bonnes bêtes au service ou à l'usage de l'homme.

POUR ALLER PLUS LOIN

SOURCES BIBLIQUES

La phrase en alphabet sacré inscrite en exergue autour du pentacle est de l'abbé Julio.

L'agneau est omniprésent dans les Écritures.

LE SACRIFICE D'ABRAHAM

Obéissant à l'ordre divin qui lui est adressé, Abraham s'apprête à sacrifier Isaac, son fils unique, abandonnant tout car, en l'absence de descendance, la Terre promise perd toute signification.
Au dernier moment, Dieu lui-même intervient pour empêcher le sacrifice ; un bélier est désigné à Abraham – un agneau mâle – qu'il va pouvoir offrir à Dieu à la place de son fils.
Ce décret divin fonde le sacrifice de substitution, avec son sacrifice explicite : c'est de Dieu qu'Abraham reçoit l'agneau qu'il lui offre en retour.

Lithographie ancienne représentant la Foi d'Abraham en Dieu.

Abraham's Faith in God.

LA LITURGIE DE LA PÂQUE

Les Hébreux vont quitter l'Égypte. Mais avant qu'ils en partent, Dieu ordonne à Moïse de leur imposer l'immolation d'un agneau par famille. Il précise comment cette victime doit être consommée par eux. Du sang de cet agneau devra avoir été déposé sur le linteau et les montants de la porte de chaque maison. Lorsque la mort s'abattra sur chaque premier-né d'Égypte, les maisons protégées par ce sang seront épargnées. Moïse transmet le message à ses congénères.
Moïse – toujours selon les instructions de IHVH (Dieu), lui-même – ordonne de répéter ce rite chaque année jusqu'à la fin des temps.

L'ORIGINE DU BOUC ÉMISSAIRE

Chacun connaît l'expression « bouc émissaire ». Lors de la fête de l'Expiation, un bouc chargé de tous les péchés de la communauté et sur la tête duquel on fixait une étoffe écarlate était sacrifié. Dans l'imagerie, Jésus devient celui qui est sacrifié en détruisant par sa mort les fautes et les souffrances de l'humanité. Quand l'agneau est couché, il s'agit de Jésus sacrifié ; quand il est relevé, il s'agit de Jésus ressuscité.
Nous le retrouvons près de la croix elle-même dès qu'elle apparaît dans l'iconographie chrétienne (IVe siècle). Presque dans le même temps, la croix couronne la tête de l'Agneau qui s'est relevé.

LA REPRÉSENTATION DU PREMIER CRUCIFIX

L'agneau de Dieu, fresque de la coupole de la basilique Saints-Jean-et-Paul (XVIIIe s., Rome, Italie).

Visitez les catacombes romaines, admirez les mosaïques de Ravenne. Vous n'y trouverez aucun cadavre suspendu à une croix. Comment en est-on venu aux crucifix actuels ?

Lorsque l'Église en vint à exalter la Passion, elle n'osait pas encore représenter le corps de son Dieu sur l'instrument du plus infamant des supplices romains. Ce fut le motif de l'agneau immolé qui prit sa place. Ce fut là le premier crucifix des chrétiens.

Cette coutume de placer l'agneau sur la croix persista, en Orient comme en Occident, longtemps après que l'Église eut accepté la représentation de l'image corporelle de Jésus sur le bois de son supplice. Et le concile appelé de *Quini Sexte*, en 692, décréta qu'il y avait lieu d'adopter la figure humaine pour la réalisation des crucifix.

L'antidote à la mortalité

« La veille de ce jour, Jésus avait mangé, avec les siens, cet agneau rituel de la Pâque. Se substituant à l'agneau, il avait dit en consacrant le pain et le vin : “Prenez, mangez, ceci est mon corps [...] Buvez-en tous, car ceci est mon sang [...]” »

De là vint que l'Église vit un lien de continuité entre l'agneau pascal du judaïsme et le sacrement du corps et du sang, le messie étant l'agneau des temps nouveaux. Et l'agneau divin, médicament des âmes et des corps, prit le relais de l'agneau qui protégea de la mort le premier-né des Hébreux.

Relevons un aspect, celui qui a rapport avec le sang guérisseur, et qui répond à l'objectif du pentacle de l'abbé Julio. La sève vitale du Christ – non contaminée par sa lignée ancestrale – sert d'antidote à la mortalité dont nous avons hérité. Pierre écrit dans sa première épître : « Sachant que ce n'est point par des choses périssables, argent ou or, que vous avez été rachetés de la vaine manière de vivre héritée de vos pères, mais par le sang précieux, comme d'un agneau sans défaut et sans tache, celui du Christ, prédestiné avant la fondation du monde et manifesté à la fin des temps à cause de vous. »

Page de gauche : fresque de la coupole de l'église Saint-François-Xaxier représentant l'Agnus Dei et les douze apôtres (XXe s., Paris, France).

31

LA MONTAGNE

QUAND UTILISER CE PENTACLE ?

- Protection de la terre (champs, vignes, vergers, jardins...)

PRÉSENTATION PAR L'ABBÉ JULIO

EXPLICATIONS

En exergue : *Mons Dei, mons pinguis, mons coagulatus, mons pinguis.*
Ce qui signifie : « C'est la montagne de Dieu, la montagne fertile, la montagne riche en pâturages, la montagne grasse. »

APPLICATION

La montagne, de loin, semble aride, rocheuse et inabordable ; mais il y a des sentiers faciles pour quiconque a vaincu les difficultés premières, il y a des oasis de verdure cachées, des coins ravissants et paradisiaques. Âmes d'élite, allez à la montagne.
Ce signe a puissance de protéger la terre, de lui donner fécondité, car si l'homme sème ou arrose, c'est Dieu qui fait croître. Donc protection spéciale des champs, des prés, des vignes, des vergers, des jardins, des blés, des avoines, des fruits, des fleurs, de toutes productions de la terre.

POUR ALLER PLUS LOIN

SOURCES BIBLIQUES

La phrase en alphabet sacré inscrite en exergue autour du pentacle est extraite du Psaume 68, déjà rencontré dans les pentacles 11 et 22 (p. 106 et 152).

« C'est la montagne de Dieu, la montagne fertile, la montagne riche en pâturages, la montagne grasse », d'où le recours à ce Psaume pour favoriser la fécondité de la terre.
Cette page est probablement l'une des plus difficiles à traduire et à interpréter de toute la Bible. Obscure quant à son sens général, elle contient plusieurs expressions dont les exégètes n'ont pas fini de discuter la signification.
Ce Psaume est un chant de louange et de confiance envers le Dieu qui réside dans le Temple de Jérusalem. De préférence à une demeure plus grandiose sur les monts de Basan, il est venu s'y établir. Du sein de son sanctuaire, il continue à soutenir et sauver sa famille privilégiée, à la venger de ses adversaires, à l'arracher à mille périls. Les faibles et les malheu-

Moïse recevant les tablettes des 10 commandements de la main de Dieu sur le mont Sinaï. Le triangle représente la Sainte Trinité : Père, Fils et Saint-Esprit (gravure antique provenant d'une Bible de 1783).

Page de droite : *Jésus monte seul sur une montagne pour prier*, James Tissot (XIXe s., France).

reux ont en lui un protecteur, un vengeur, un libérateur.

L'abbé Julio distingue deux significations. La première voit la montagne comme ce lieu apparemment inaccessible dont l'homme doit gravir les sentiers pour parvenir à son sommet. C'est ce sens que je développe ici. La seconde – en réalité, la première destination du pentacle – y voit la terre et sa fertilité.

LA MONTAGNE DANS L'ANCIEN TESTAMENT

La montagne est le lieu choisi par Dieu pour l'accomplissement du sacrifice d'Isaac par Abraham. C'est aussi là qu'il apparut à Moïse pour lui révéler les dix commandements : « Le SEIGNEUR descendit sur le mont Sinaï, au sommet de la montagne, et le SEIGNEUR appela Moïse au sommet de la montagne. Moïse monta. »

Accompagnée d'images fortes (tonnerre et éclairs, épaisse nuée, fumée) visant à montrer la toute-puissance du Créateur, la montagne est l'endroit que choisit Dieu pour se révéler à son peuple par l'intermédiaire d'un prophète. Elle est le lieu de manifestation du divin et elle véhicule l'image d'un Dieu majestueux inaccessible au commun des mortels.

Elle est aussi un lieu de refuge face au courroux divin : dans la Genèse, les anges pressent ainsi Loth de fuir vers la montagne afin de ne pas périr lors de la destruction de Sodome.

La montagne évoque parfois un retour à la foi originelle purifiée de tout élément corrupteur : lors de la remise en cause de la fidélité d'Israël à l'Alliance, Dieu s'adresse ainsi au prophète Élie, réfugié dans une caverne (dans les Livres des Rois) : « Le SEIGNEUR dit : “Sors et tiens-toi sur la montagne, devant le SEIGNEUR ; voici, le SEIGNEUR va passer”. »

Dans cet épisode, en contraste avec le feu et la nuée qui avaient précédé la rencontre de Moïse, la présence de Dieu est comparée à « une voix de fin silence ». Elle évoque une présence plus douce, au-delà de la force et de la matérialité des éléments.

La montagne est enfin présente à de nombreuses reprises dans les Psaumes, où elle incarne le lieu de la rencontre du divin : « Envoie ta lumière et ta vérité : elles me guideront, me feront parvenir à ta montagne sainte et à tes demeures. »

LA MONTAGNE DANS LES ÉVANGILES

Dans les Évangiles, le motif de la montagne continue d'évoquer celui de la rencontre et de la proximité avec le divin. Mais elle devient aussi un lieu de recueillement. Ici, la loi est donnée, non plus par Dieu au travers de Moïse, mais par Jésus lui-même. La montagne est le lieu de l'enseignement du Christ, notamment du Notre Père et des Béatitudes, qui constituent la première partie du Sermon sur la montagne.
La montagne demeure le lieu de l'expérience spirituelle et de la révélation. Ainsi, la Transfiguration accompagnée de l'apparition de Moïse et Élie aux apôtres Pierre, Jacques et Jean, se déroule « à l'écart sur une haute montagne » (Évangile de Matthieu).
Jésus s'y retire pour prier, notamment au mont des Oliviers, ou encore à la suite de la multiplication des pains après laquelle « il monta dans la montagne pour prier à l'écart ».
Avec le désert, la montagne est aussi le lieu de l'épreuve, où le diable tenta de séduire Jésus en lui promettant de régner sur tous les royaumes du monde.

En outre, la force et la solidité de la montagne sont évoquées pour les comparer à celles de la foi, face à laquelle la matière la plus dense ne peut résister : « Alors les disciples, s'approchant de Jésus, lui dirent en particulier : “Et nous, pourquoi n'avons-nous pu le chasser [*le démon*] ?” Il leur dit : “À cause de la pauvreté de votre foi. Car, en vérité je vous le déclare, si un jour vous avez de la foi gros comme une graine de moutarde, vous direz à cette montagne : ‘Passe d'ici à là-bas', et elle y passera. Rien ne vous sera impossible”. »
Enfin, Jésus fut crucifié sur la montagne du Golgotha, symbole du rétablissement du lien entre ciel et terre.
Après la résurrection du Christ, c'est sur une montagne qu'il se manifeste pour la dernière fois à ses onze disciples et les revêt du feu céleste, du souffle sacré (le Saint-Esprit).
Malgré la diversité géographique, chacune de ces montagnes renvoie à la montagne de IHVH, ce lieu choisi par Dieu pour entrer en contact avec le monde des hommes et lui révéler ses Mystères.

32

LE PAYSAGE

QUAND UTILISER CE PENTACLE ?

- Brûlures, insolations
- Protection contre les inondations, incendies, foudre
- Protection lors de voyages

PRÉSENTATION PAR L'ABBÉ JULIO

EXPLICATIONS

La Lune éclairant la campagne et le bois solitaire, on aperçoit à travers les sapins les derniers rayons du Soleil couchant.
En exergue : *Per diem sol non uret te, neque luna per noctem.*
Ce qui signifie : « Pendant le jour que le Soleil ne te brûle, ni la Lune pendant la nuit. »

APPLICATIONS

Contre les maladies ou les accidents occasionnés par le feu ou par l'eau. En kabbale, la Lune représente l'eau. Guérison des insolations, des brûlures, des hydropisies. Protection contre les inondations, les incendies, la foudre.
Pour un heureux voyage, pour le succès d'une exploration de découverte.

POUR ALLER PLUS LOIN

SOURCES BIBLIQUES

La phrase en alphabet sacré inscrite en exergue autour du pentacle est extraite du Psaume 121.

Les pèlerinages à Jérusalem rappelaient au fidèle que Dieu est toujours présent auprès de lui, qu'il lui donne sa protection. Son Dieu est pour lui un frais ombrage contre les ardeurs du jour, une sauvegarde contre les ardeurs du Soleil le jour, ou les effets pernicieux de la Lune la nuit. Ceux qui connaissent l'Orient savent ce que signifie un ombrage frais rencontré sur la route !

Fresque polychrome du dôme de la basilique Saint-Martin de Mondoñedo (XIe s., Foz, Espagne)

LA REPRÉSENTATION DE LA NATURE

Puisque le pentacle de l'abbé Julio représente un paysage, rappelons que les premiers chrétiens voyaient la divinité à l'œuvre dans la création. Sur les fresques des premiers siècles abondent les scènes champêtres. La porte est ouverte à la contemplation de Dieu à travers son œuvre – l'astrologie et l'alchimie sont les héritages concrets de cette révélation naturelle – et surtout, à travers tous les règnes du vivant : minéral, végétal, animal, humain. L'étude approfondie de la nature et de ses lois devient possible.

Du point de vue de la solidarité de l'ensemble du vivant, du point de vue de l'écologie sacrée, les choses étaient bien parties avec le christianisme primitif... Jusqu'à ce qu'une déviation se produise dans l'empire byzantin.

La théologie du VIIe siècle se concentra sur l'homme aux dépens du reste de la création, pourtant d'origine divine elle aussi. En un siècle, l'idée que l'image divine est à chercher dans l'univers entier devint superflue. Avec la « victoire des icônes », l'art évita désormais la représentation sacrée des êtres non humains.

LA LUNE DANS LA TRADITION

Moïse parle des fruits du Soleil et de la Lune, « le meilleur de ce que produit le soleil et le meilleur de ce qui pousse à chaque lune ».

Vitrail en cocarde
(XIVe s., château d'Ebreichsdorf, Autriche).

Dans la tradition occidentale, le Soleil et la Lune sont considérés comme les deux principes de la production des fruits de la terre. La Lune fournit l'humidité radicale (du latin *radix*, racine) : la substance qui les compose et le suc qui les nourrit. Le Soleil fournit la chaleur radicale : la vie qui anime et l'information qui préside à la croissance.

Quelques commentateurs pensent que les fruits du Soleil sont ceux qui ne viennent qu'une fois l'année – comme le froment, les raisins, etc. – et que les fruits de la Lune sont ceux qui se cueillent en différents mois de l'année, comme les concombres, les figues, etc.

Pâques est une très ancienne fête soli-lunaire (solaire par sa position en rapport avec l'équinoxe, lunaire par son rapport avec la lunaison). C'était une fête nocturne et pastorale où l'on célébrait le début de la saison chaude et le commencement de l'année agricole. On offrait alors le premier-né du bétail pour s'assurer, au printemps, de la fécondité du troupeau. Elle est devenue, au temps de l'Exode, la fête du départ de l'Égypte, *Pesha* (qui a donné « Pâques ») signifiant « sauter, passer par-dessus ». Elle se célèbre encore dans le judaïsme.

C'est le jour où, en l'an 30, Jésus fut crucifié. C'est pourquoi l'auteur de l'Apocalypse écrit qu'elle est colorée de sang. Ce jour-là était un jour de pleine lune.

33

LE DRAGON

QUAND UTILISER CE PENTACLE ?

- Protection contre les mauvais esprits
- Protection contre les animaux dangereux
- Protection lors de voyages

PRÉSENTATION PAR L'ABBÉ JULIO

EXPLICATIONS

Au centre : *Super aspidem et basiliscum ambulabis et concultabis leonem et draconem.*
Ce qui signifie : « Tu marcheras sur l'aspic et le basilic, tu écraseras le lion et le dragon. »

APPLICATIONS

Contre les démons et les mauvais esprits. Contre les bêtes venimeuses ou contre les bêtes féroces.
Pour un heureux voyage sur terre, par mer ou dans les airs. Pour toute exploration scientifique ou commerciale. Contre les ennemis de la patrie.

POUR ALLER PLUS LOIN

SOURCES BIBLIQUES

Le texte en alphabet sacré placé sous le dragon est extrait du Psaume 91, déjà rencontré dans le pentacle 9 (p. 96) et que nous rencontrerons également dans le pentacle 35 (p. 206).

La phrase « Tu marcheras sur l'aspic et le basilic, tu écraseras le lion et le dragon » est délicate pour les traducteurs, les mots pouvant désigner plusieurs animaux différents, dont certains peuvent être imaginaires. Dans sa description du pentacle, Julio ne respecte pas exactement le Psaume. Il transforme le « tu marcheras [...] tu écraseras » en « il marchera [...] il écrasera ». Nous avons rectifié conformément au texte du Psaume latin tel que Julio le donne lui-même dans ses livres.
Comme nous l'avons vu dans un précédent pentacle, Dieu protège l'homme qui le prend pour abri. Il le confiera à ses anges qui le garderont en toutes ses démarches, au besoin en le portant de leurs mains pour éviter qu'il ne trébuche. Marcherait-il sur des serpents venimeux ou heurterait-il des bêtes fauves qu'il n'en subirait aucun mal.

LE DRAGON DANS LES ÉCRITURES

Vitrail représentant un saint luttant contre un dragon (XIe-XVe s., cathédrale de Bayeux, France).

Le premier millénaire chrétien n'a prêté son attention qu'au seul dragon maudit des Écritures hébraïques et de l'Apocalypse de Jean.
Ultérieurement, d'autres aspects du dragon furent développés. Mais le pentacle de Julio fait clairement référence à la victoire (l'épée qui transperce) sur le dragon incarnant l'esprit du mal. Cette vision est conforme à celle des bestiaires du Moyen Âge et aux Écritures, notamment celles qui concernent le dragon des Babyloniens que Daniel fit périr (Le Livre de Daniel) et les dragons de l'Apocalypse : « Alors un autre signe apparut dans le ciel : C'était un grand dragon rouge feu. Il avait sept têtes et dix cornes et, sur ses têtes, sept diadèmes. Sa queue, qui balayait le tiers des étoiles du ciel, les précipita sur la terre. Le dragon se posta devant la femme qui allait enfanter, afin de dévorer l'enfant dès sa naissance. »
Jean ajoute que cet énorme dragon, cet antique serpent, c'est le diable ou le Satan.
En poursuivant le récit apocalyptique, nous retrouvons la bête, toujours écarlate et couverte de « noms de blasphème » avec sept têtes et dix cornes. Elle ne combat plus la femme qui enfante, mais elle porte sur son dos une autre femme, somptueusement vêtue et parée, qui tient dans sa main la coupe des iniquités, des abominations et des turpitudes perpétrées sur la terre. Et son nom, c'est « Babylone la Grande ».
Toujours en accord avec le texte de l'Apocalypse, maintes images représentent le dragon vaincu par l'archange Michel équipé et armé, chevauchant un destrier de combat. Ou ce

Vierge à l'enfant. Détail d'une tête de serpent (XVIIIe s., église Saint-Nicolas de Véroce, France).

même dragon écrasé par le talon de la Vierge.

LES SEPT « PÉCHÉS CAPITAUX »

En accord avec ces textes, les artistes anciens ont vu dans les sept têtes les sept « racines-pensées » (*logoï*), les sept « péchés capitaux » par lesquels l'homme donne prise au dragon. Les voici, admirablement exposés par Jean-Yves Leloup dans son livre *Praxis et gnosis d'Évagre le Pontique* que j'adapte librement.

>> L'orgueil

Le moi s'imagine l'objet d'admiration ou de dénigrements sans lien avec la réalité. Le propre de cette maladie est de mettre l'individu au centre du monde, comme l'enfant qui exige l'attention de tous les regards. Tout ce qui arrive est interprété par rapport à soi. Cette vaine gloire rend particulièrement irritable et susceptible, dès que la belle image que le moi se fait de lui-même est remise en cause. Une simple remarque et il se sent persécuté. Un léger sourire et c'est le monde entier qui reconnaît son génie. Sous son emprise, l'homme devient de plus en plus égocentré, ce qui l'empêche de garder pour centre « l'Être qui est véritablement ».

>> L'avarice

L'avarice inclut toutes sortes de constipation de l'être, de crispation sur un avoir quel qu'il soit. L'homme s'identifie à ce qu'il possède. Perdre cela, c'est comme se perdre lui-même. Il amasse les livres, les documents de toutes sortes. La photocopieuse tourne à plein régime, persuadé que l'accumulation de documents et d'enseignements secrets le rapprochera d'un état spirituel plus élevé.

>> La luxure

La luxure recouvre toutes formes d'obsessions sexuelles, de déviation ou de compensation de la pulsion génitale. La luxure, c'est traiter son propre corps ou le corps de l'autre comme une chose, comme une matière sans âme, comme un objet de plaisir et non comme un sujet d'amour.

>> La colère

Traduit généralement par « colère » ou par « impatience », dans le langage biblique on parlera de *Qesôr'appaim* qui veut dire littéralement « brièveté du souffle ». La colère nous fait perdre haleine. Nous avons le souffle court. L'homme suffoque. L'une des causes de notre colère vient de notre difficulté à accepter l'autre en tant qu'autre, s'il ne correspond pas à l'image qu'on se fait de lui. Notre esprit s'irrite, le ressentiment nous ronge. C'est un signe d'immaturité (par exemple, les colères de l'enfant qui veut tout, et tout de suite). Il peut y avoir de saines colères d'adultes – l'indignation devant une injustice, par exemple –, mais la haine en est absente.

Saint Michel, Juan de Flandres
(XVIe s., Belgique).

>> La gourmandise

L'anxiété, l'angoisse peuvent faire régresser une personne dans des attitudes infantiles. Elle cherchera une solution à son malaise en ingurgitant une grande quantité de nourriture ou de boisson (boulimie) ou en refusant toute nourriture et toute boisson (anorexie). Chez les anciens moines, il y a beaucoup de boulimiques (ceux qu'on représente les joues rondes sur les étiquettes de camembert ou de liqueur). Il y a aussi beaucoup d'anorexiques (ceux qu'on représente les joues creuses ne vivant que de pain sec et d'eau).

>> L'envie

Toute forme de frustration entraîne un état de tristesse. Être adulte, c'est assumer le manque. L'adepte rayonne la vraie joie. Cette joie ne dépend pas des choses extérieures, de ce qui nous arrive, de la présence rassurante d'un objet, d'une personne ou de circonstances favorables. Elle n'est pas une question de santé ou d'humeur. Cette joie est la paix profonde de celui qui rencontre l'autre non pour combler ses manques, mais pour le plaisir de communier à la vie qui à la fois les unit et les transcende.

>> La paresse

Certes, il existe la simple paresse, réputée incurable ! Mais, plus profondément, il peut exister l'acédie, cette pulsion de mort qui introduit le dégoût et la lassitude dans tous nos actes. Dans le langage contemporain, nous parlerions de « dépression » ou de « mélancolie » au sens clinique de ces mots. Tous les anciens appuis ou certitudes nous manquent. Rien ne prend la place du bel édifice écroulé. Si on cherche de l'aide ou du réconfort, cela ne fait qu'augmenter le désespoir.

La femme de l'Apocalypse et le dragon à sept têtes, Albrecht Dürer (xvᵉ s., détail de gravure sur bois, Allemagne).

34

LA CROIX

QUAND UTILISER CE PENTACLE ?

- Courage dans les épreuves
- Contre la douleur physique ou mentale

PRÉSENTATION PAR L'ABBÉ JULIO

EXPLICATIONS

En exergue : *Deus noster refugium et virtus.*
Ce qui signifie : « Notre Dieu est notre refuge et notre force. »

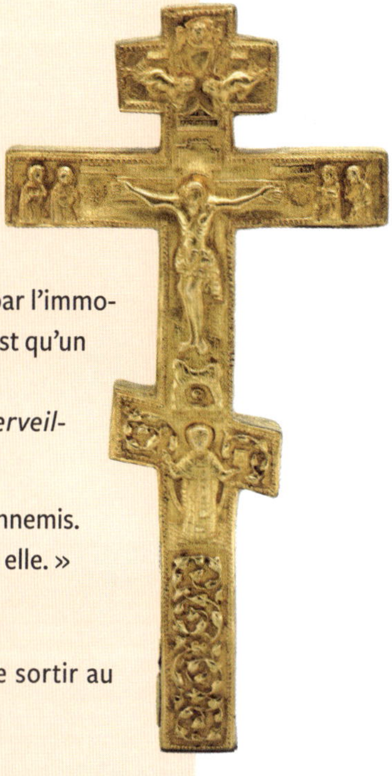

Copie britannique datant du XIXe siècle de la triple croix d'Uspenski Sobor (XVIIe s., Moscou, Russie).

Une croix noire, parfois même ensanglantée, et dans un vitrail lumineux. La croix noire, c'est la vie obscure et pleine de souffrances, l'épreuve nécessaire, le lot des grandes âmes ; elle va parfois jusqu'à l'effusion de sang, soit par la maladie, soit par l'immolation de tout l'être. Mais, qu'on ne l'oublie pas, la vie d'ici-bas n'est qu'un souffle qui passe : la lumière et le salut sont proches.
On remarquera que les croix sont multipliées dans ces *Prières merveilleuses*. C'est parce que tout bien nous vient de la croix.

« Par le signe de la croix, vous, notre Dieu, délivrez-nous de nos ennemis. Voici ✠ la croix du Seigneur ! Vous tous, les ennemis, fuyez devant elle. »

Ainsi parle l'Église...

Saint Cyprien (258) : « Je chasse les démons en les adjurant de sortir au Nom de Jésus et par la vertu du signe de la croix. »

Lactance (IIIe siècle) dit la même chose...

Origène (IIIe siècle) écrit : « Les plus petits, les plus infimes d'entre les chrétiens, ont tous cet admirable et infaillible pouvoir d'expulser les démons de là où ils sont. Par la croix nous vaincrons toujours. »

Saint Athanase (IVe siècle) : « Le signe de la croix a la vertu de confondre tous les secrets de la magie, et de réduire à néant ses funestes breuvages. Que quelqu'un en fasse l'expérience : il verra par lui-même avec quelle terreur les démons s'enfuient à ce signe et à ce Nom. »

Saint Augustin (430) affirme que les infidèles eux-mêmes opéraient des merveilles par le signe de la croix : « Ils ne sont pas entrés dans notre milieu, ajoute-t-il, mais c'est la puissance de notre Souverain Roi qui se fait sentir en ces occasions. »

Monseigneur Gaume, dans son livre *Le signe de la croix au XIXe siècle*, conclut de cette manière : « Le signe de croix rend la santé et guérit toutes

Jésus portant sa croix.
Publié par N. Currier, c1848, États-Unis).

Croix processionnelle (XIVe s. tardif, Espagne).

les maladies ; il apaise les tempêtes, éteint le feu, protège contre les accidents, arrête les flots, fait rentrer les eaux dans leur lit, éloigne les bêtes féroces, préserve du poison, de la foudre ; il purifie l'air, l'eau, le feu, et il en chasse le démon. Il fait des chrétiens des instruments de prodiges. »

APPLICATIONS

Ce signe donne force et endurance à supporter ce qui est inévitable, à amortir ou même à dissiper la douleur, sous quelque forme qu'elle se présente.
Sert particulièrement dans les affections déçues, dans la perte d'un être aimé, qui sont les grandes douleurs de la vie.

POUR ALLER PLUS LOIN

SOURCES BIBLIQUES

La phrase en alphabet sacré placée en exergue autour du pentacle est extraite du Psaume 46.

Dieu est, pour qui prend appui sur lui, un rempart contre tous les dangers, qu'ils proviennent des hommes ou des éléments. Toujours présent parmi ses fidèles, il leur assure la victoire et la paix. Il gouverne tous les faits de l'histoire et tous les phénomènes du monde créé. Le Psaume semble avoir été écrit après qu'il eut été délivré d'un puissant adversaire, peut-être Sennachérib, contraint d'abandonner le siège de Jérusalem.
Le pentacle représente une croix. Sur trois branches et au centre, nous trouvons les quatre lettres du Nom divin IHVH. Dans l'explication de ce pentacle, l'abbé Julio insiste sur l'interprétation souffrante de la croix, sur le rapport entre la croix et la Passion. Nous retiendrons donc ici cet aspect de la croix.
Les bourreaux romains usaient de ce gibet pour faire passer de vie à trépas le supplicié, flagellé au préalable. Les « bois de justice », dressés dans les formes jugées les

plus appropriées, étaient bien des croix, dont les deux éléments, superposés (croix en « Tau ») ou encastrés transversalement, qu'ils soient d'égale longueur (croix grecque) ou non (croix latine), s'ajustent par mortaises et tenons. La croix en T paraît la plus commune.

LE SENS DE LA CROIX

La croix possède un sens profond. Du centre de la croix, ses branches irradient dans toutes les directions. D'où les croix à six branches que nous trouvons parfois. En comptant leur centre (Dieu) et les six branches (la création irradiant dans toutes les directions), nous obtenons le nombre 7, qui représente la perfection.

Paul Vulliaud écrit dans son livre *La Kabbale juive, histoire et doctrine* : « Clément d'Alexandrie explique que de Dieu, "cœur de l'Univers", partent les étendues indéfinies qui se dirigent, l'une en haut, l'autre en bas, celle-ci à droite, celle-là à gauche, l'une en avant et l'autre en arrière ; dirigeant son regard vers ces six étendues comme vers un nombre toujours égal, il achève le monde ; il est le commencement et la fin (l'alpha et l'oméga) ; en lui s'achèvent les six phases du temps, et c'est de lui qu'elles reçoivent leur extension indéfinie ; c'est là le secret du nombre sept. »

Sur cette indéfinité du monde, Paul écrit dans l'Épitre aux Éphésiens : « Vous aurez ainsi la force de comprendre, avec tous les saints, ce qu'est la largeur, la longueur, la hauteur, la profondeur [...] et de connaître l'amour du Christ qui surpasse toute connaissance, afin que vous soyez comblés jusqu'à recevoir toute la plénitude de Dieu. »

35

LE TRIANGLE PROTECTEUR

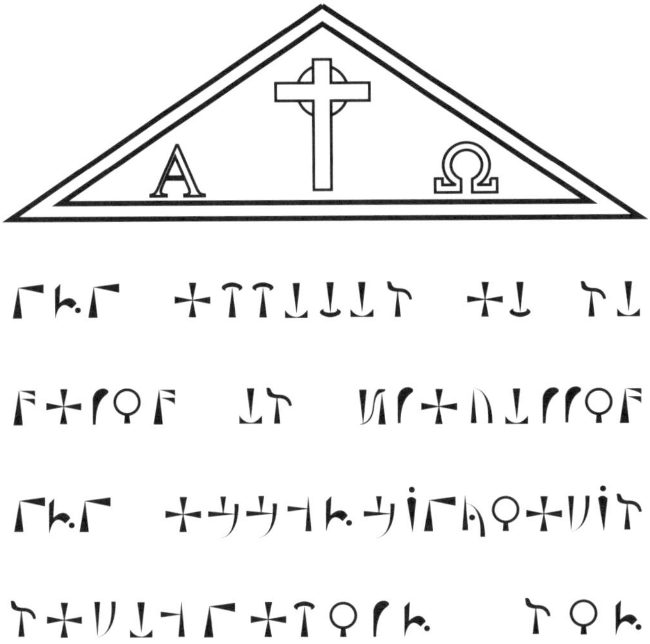

QUAND UTILISER CE PENTACLE ?

- Protection de la maison et de la famille
- Protection des animaux domestiques
- Protection contre les maladies contagieuses

PRÉSENTATION PAR L'ABBÉ JULIO

EXPLICATIONS

Image de la Trinité sainte, qui est la cause créatrice de toutes choses : l'alpha et l'oméga (c'est-à-dire depuis « a » jusqu'à « z »), le commencement et la fin ; qui par son Fils a racheté le monde. Voilà ce que signifient les deux lettres et la croix inscrites dans le triangle.

Au-dessous, lisez : *Non accedet ad te malum et flagellum non appropinquabit tabernaculo tuo.*

Ce qui signifie : « Le mal n'aura sur toi nulle prise, et nul fléau n'envahira ta demeure. »

APPLICATIONS

Protection de la demeure et de toute la famille.

Défense des écuries, des étables et de tous les animaux à l'usage de l'homme. Défense contre la peste ou toute autre maladie contagieuse.

Jésus-Christ au livre ouvert, contenant les mots de Dieu, Alpha et Omega. Mosaïque du portail d'entrée de l'église Saint-Ulrich (XIIe s., Paderborn, Allemagne).

Agnus Dei. Tabernacle de l'église Saint-Bruno-lès-Chartreux (XVIIe s., Lyon, France).

Plaque tombale en terracota frappée du monogramme du Christ (400-800).

POUR ALLER PLUS LOIN

SOURCES BIBLIQUES

Le texte en alphabet sacré placé à l'intérieur du pentacle est extrait du Psaume 91.

Comme nous l'avons vu pour les pentacles 9 et 33 (p. 96 et 196), Dieu protège l'homme qui le prend pour abri. Faites-vous son hôte, et Dieu vous cachera de son ombre comme l'oiseau cache ses petits à l'abri de ses plumes et de ses ailes. Sa loyauté d'hôte protecteur vous sera un bouclier ou une cuirasse, impénétrable aux traits des ennemis.

LE TRIANGLE

J'ai commenté le principe de la Trinité pour le pentacle 1 (p. 58).
La représentation de la Trinité, en tant que réalité abstraite, transcendante, se heurte à maintes difficultés d'ordres théologique et iconographique. Aucune image de la Trinité, prise en soi, n'apparaît avant le début du Moyen Âge.
Le signe le plus ancien de la Trinité est le triangle équilatéral. Le triangle représente Dieu (l'essence divine unique). Il possède trois points – chacun étant différent et séparé des autres points par une distance égale.
Le triangle ne réapparaît pas avant le XIe siècle et reste peu répandu jusqu'au XVe siècle. Aux XVIIe et XVIIIe siècles, il connaît une grande popularité.
À partir du XVIe siècle, le triangle n'est plus inversé, mais a la pointe vers le haut. La signification de ce symbole est précisée en inscrivant à l'intérieur le Nom IHVH en hébreu, ou en plaçant un œil rappelant que Dieu voit tout.

L'alpha et l'oméga

Parlons de l'alpha et de l'oméga, présents dans le triangle du pentacle.

Cette mention de la première et de la dernière lettre de l'alphabet grec ainsi groupées n'apparaît que dans l'Apocalypse, livre rédigé précisément en grec. Mais l'idée qu'elle exprime appartient déjà à l'Ancien Testament. Le prophète Isaïe fait dire à IHVH (Dieu) : « C'est moi le premier, c'est moi le dernier, en dehors de moi, pas de Dieu. » L'auteur de l'Apocalypse traduit : « Je suis l'Alpha et l'Oméga, dit le Seigneur Dieu, celui qui est, qui était et qui vient, le Souverain », « le commencement et la fin » de tout ce qui existe. Sur les représentations, l'oméga est presque toujours en forme minuscule [ω] lorsque l'alpha est presque toujours en forme majuscule [A].

36

LES TROIS ROUTES

QUAND UTILISER CE PENTACLE ?

- Trouver son chemin de vie
- Prendre des décisions importantes
- Trouver l'inspiration

PRÉSENTATION PAR L'ABBÉ JULIO

EXPLICATIONS

En exergue : *Notam fac mihi viam in qua ambulem.*
Ce qui signifie : « Seigneur, faites-moi connaître la voie que je dois suivre. »

Trois routes se présentent : l'une à travers la plaine ; l'autre à travers la forêt ; la troisième serpente au flanc de la montagne. En haut rayonne le Nom de Jéhovah. C'est le difficile dans la vie de connaître le chemin qui convient au milieu de tant de routes plus ou moins fleuries. Le sentier de la plaine est le plus facile, mais on vit parmi les bœufs et, comme eux, on mène une vie de ruminants, pour finir comme eux par être mangés... Le sentier de la forêt est la vie tumultueuse ; elle a bien des ténèbres et cache des pièges sans nombre auxquels on n'échappe guère... Le sentier de la montagne est bien répulsif à cause de ses cailloux pointus qui déchirent les pieds, à cause des précipices qu'il faut côtoyer, à cause de ses glaciers qui refroidissent le cœur et où l'on semble comme abandonné de l'univers ; cependant, c'est le sentier qui monte : et plus nous montons, plus brille radieux le Soleil de Justice. Au bout de la route, c'est l'ascension dans la vie supérieure.
Qui potest capere, capiat (« Qui peut comprendre comprenne »).

APPLICATIONS

Ce signe sert à choisir un état de vie, à prendre une décision importante.
Il aide à trouver l'inspiration.

POUR ALLER PLUS LOIN

SOURCES BIBLIQUES

La phrase en alphabet sacré placée en exergue autour du pentacle est extraite du Psaume 143.

Le suppliant est à bout de souffle. Quelle route doit-il suivre pour éviter les embûches des ennemis ? Que faire pour se conformer à la volonté de celui en qui il s'est abrité ? « Seigneur, que voulez-vous que je fasse ? » dira plus tard l'apôtre Paul.
La Bible dépeint la vie comme un voyage, comme un itinéraire, comme un

chemin. Le chrétien est toujours en marche, dans une dynamique. Le voyageur doit demeurer lucide et vigilant quant à sa destination, car il ne peut emprunter deux routes à la fois. Le prophète Jérémie avait déclaré : « Ainsi parle le SEIGNEUR : je vais vous donner le choix entre la vie et la mort. »

Plus près de nous, Jésus nous dit dans l'Évangile de Matthieu : « Entrez par la porte étroite. Large est la porte et spacieux le chemin qui mène à la perdition, et nombreux ceux qui s'y engagent ; combien étroite est la porte et resserré le chemin qui mène à la vie, et peu nombreux ceux qui le trouvent. »

L'HOMME DANS L'UNIVERS

Au sommet de la voie escarpée se trouvent les cinq lettres IH**Sh**VH (יהשוה) traduites par *Ieshouah*, rendu en latin par « Jésus ».

Pourquoi le fait de quitter la voie large empruntée par les foules entraîne-t-il de multiples embûches ? Pourquoi la voie escarpée mène-t-elle jusqu'au Nom divin IH**Sh**VH ?

La position de l'homme dans l'univers est analogue à celle d'une cellule du corps humain : Cette explication, reprise de Boris Mouravieff (historien, spécialiste de l'ésotérisme chrétien), a pour origine l'enseignement de Georges Ivanovitch Gurdjieff, philosophe spiritualiste du XXe siècle. Chaque cellule fait partie d'un organe qui, à son tour, comme élément d'un groupe d'organes, assure la bonne marche de telle ou telle fonction de l'organisme. Examinons, de ce point de vue, le sort d'une cellule de notre corps. Elle se trouve placée sous l'empire de deux lois. La première retient la cellule à sa place : nommons-la « Loi Générale ». La deuxième laisse à la cellule une certaine liberté d'action : nommons-la « Loi d'Exception ».

>> La Loi Générale

La première loi est conservatrice. Elle veille à ce que l'organe dont la cellule fait partie fonctionne sans entraves. À cette fin, les cellules qui le composent assurent, pendant leur vie, le rôle qui leur est imparti en vue du bien commun (l'organe). Cette loi contraint les cellules à demeurer à leurs places respectives, à y accomplir leur travail et à lui consacrer leur propre vie.

La disparition de quelques cellules d'un organe dont elles représentent une part infime passe inaperçue. La fonction n'est pas touchée. Et comme le rôle essentiel de la Loi Générale est de veiller à la continuité de la fonction, cette disparition lui échappe. Elle n'y met plus d'entraves. Les cellules ayant échappé à cette loi sont entrées dans le domaine de la Loi d'Exception.

>> La Loi d'Exception

Plafond de la cathédrale de Lviv représentant le nom de Dieu, Jéhovah en tétragramme (XVIIe s. tardif, Ukraine).

Pour l'homme, il en va différemment. Cellule de l'humanité, il fait partie de la vie organique sur la Terre. En tant que cellule de cet organe, l'homme se trouve sous l'emprise de la Loi Générale (la porte large) qui le retient à sa place. Agissant sur nous comme elle agit sur les cellules, cette loi nous immobilise ou tend constamment à nous ramener à notre place. Sa force nous laisse une liberté d'action limitée dans son orientation et dans son étendue. Si l'homme vit comme tout le monde, s'il ne s'aventure pas hors des sentiers battus, il ne s'aperçoit pas de l'existence de cette force, ou plutôt cette force l'ignore. Mais si ses entreprises sortent de l'ordinaire dans n'importe quel domaine, et surtout dans une voie spirituelle authentique, la force entre en action. Elle suscite toutes sortes d'obstacles afin de le ramener au point où, selon la Loi Générale, il doit demeurer.

Si cette force conservatrice ne parvient pas à calmer l'homme en agissant directement sur lui, elle cherche à l'atteindre indirectement, généralement par l'intermédiaire de ses proches. La pression s'exerce par les sentiments qu'ils invoquent, soit par la froideur ou le mépris dont ils témoignent.

>> Les limites de la Loi Générale

Dans les Évangiles, on lit : « On aura pour ennemis les gens de sa maison. » ; « Un prophète n'est méprisé que dans sa patrie et dans sa maison. »

Certes, la Loi Générale autorise une tolérance qui permet certains mouvements libres dans les limites qu'elle fixe. À l'intérieur de celles-ci – objectivement très restreintes, mais qui, subjectivement, semblent vastes –, l'homme peut donner libre cours à ses fantasmes et à ses ambitions. La marge admise pour les mouvements libres, tolérés par la Loi Générale, a pour limite ce qu'on peut décrire par une expression imagée : le bonheur bourgeois – carrière dans n'importe quelle branche de l'activité humaine, fortune, famille, amours, honneurs, etc.

37

LE BOUCLIER

QUAND UTILISER CE PENTACLE ?

- Protection en cas de guerres, émeutes, révoltes
- Unité d'un pays

PRÉSENTATION PAR L'ABBÉ JULIO

EXPLICATIONS

Au centre, une croix sur un bouclier dans un vitrail.
En exergue : *Salvos nos fac, Domine Deus noster, et congrega nos de nationibus.*
Ce qui signifie : « Sauvez-nous, Seigneur notre Dieu, rassemblez-nous et délivrez-nous des nations. »

APPLICATIONS

Préservation en temps de guerre contre les déprédations de l'ennemi. Préservation sur le champ de bataille. Préservation contre les dangers de la guerre civile, dans les temps d'émeute et de révolte qui, dans beaucoup de nations, seront la caractéristique du XXe siècle.
Défense de la patrie contre les envahissements des barbares [...]
Unité de la patrie.
[*L'abbé Julio est mort en 1912, donc avant le début de la Première Guerre mondiale.*]

POUR ALLER PLUS LOIN

SOURCES BIBLIQUES

La phrase en alphabet sacré placée en exergue autour du pentacle est extraite du Psaume 106.

Le Psaume 105 mettait en relief les bontés du Dieu d'Israël et sa persévérance à maintenir l'alliance conclue avec les patriarches. Le Psaume 106, lui, expose la conduite d'Israël, tristement opposée : ingratitude, révoltes, jusqu'à sacrifier des enfants aux dieux étrangers. Dieu réagit énergiquement. Mais il se doit de sauver finalement son peuple. Le psalmiste et ceux qu'il représente ne doutent pas de la réalisation des promesses. Ils demandent qu'elle ait lieu bientôt, qu'Israël soit réuni de nouveau en Palestine, rassemblé d'entre les nations chez lesquelles il est en exil.

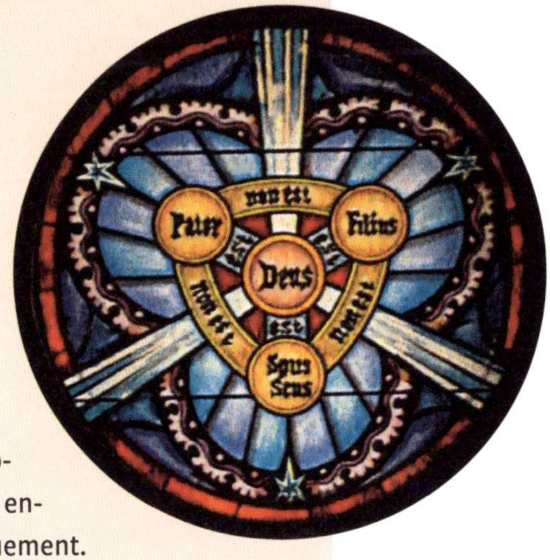

Vitrail représentant un bouclier de la Trinité (XIXe s., église St. Peter, Washington, États-Unis).

Vitrail représentant Saint Michel l'archange combattant Satan sous forme de dragon (XIXe s., Bayeux, France).

Le bouclier permet de se maintenir en vie malgré les assauts de l'ennemi. Le bouclier est le symbole de l'arme passive, défensive et protectrice, comme l'armure qui isole et protège celui qui le porte. Il est également semblable à une muraille, ce qui en fait le symbole de la frontière entre la personne qui l'utilise et le monde environnant, ou, plus précisément, entre le porteur et son adversaire car le bouclier ne se conçoit que dans le cadre d'un combat.
Le bouclier apparaît dans les Psaumes 3, 28 et 33 :
« Mais toi, SEIGNEUR, tu es un bouclier pour moi » ; « Le SEIGNEUR est ma forteresse et mon bouclier, mon cœur a compté sur lui et a été secouru » ; « Nous, nous attendons le SEIGNEUR : notre aide et notre bouclier, c'est lui ! »
Pour compléter l'équipement du guerrier spirituel, dans l'Épître aux Éphésiens, Paul mentionne trois pièces de l'armure : le bouclier de la foi, le casque de salut et l'épée de l'Esprit

Gros plan de la statue d'un ange sur la façade d'une église.

qui est la Parole de Dieu. Trois autres pièces de l'armure (la ceinture de vérité, la cuirasse de la justice et les chaussures de paix) sont établies par notre position en Christ.
Selon Paul, le bouclier le plus efficace pour l'homme dans son combat spirituel est sa propre foi.
Dans le Nouveau Testament, le substantif *pistis* – habituellement traduit par « foi » – a la double signification de « fidélité » et de « confiance », comme en grec. Quand le lecteur rencontre l'expression « avoir foi » ou le verbe « croire » dans le Nouveau Testament, il doit lire « prendre pour point d'appui ». « Croire en Dieu », ce n'est pas « adhérer à une doctrine », ou « avoir l'opinion que Dieu existe ». « Croire en Dieu » doit se lire « Prendre Dieu et sa parole pour point d'appui sûr et inébranlable ».

38

LE LYS

QUAND UTILISER CE PENTACLE ?

- Purification du corps et de l'âme
- Maladies vénériennes
- Retrouver le sens moral

PRÉSENTATION PAR L'ABBÉ JULIO

EXPLICATIONS

En exergue : *Asperges me hysopo et mundabor.*
Ce qui signifie : « Vous m'aspergerez avec l'hysope et je serai purifié. »

APPLICATIONS

Pour demander le pardon de ses péchés et retrouver la pureté première. La purification, que ce soit pour le corps ou pour l'âme, est la première mesure de salubrité, avant la mise en ordre et l'illumination.
Donc, s'il y a malpropreté, comme c'est le cas dans les maladies honteuses ou vénériennes, qu'elles viennent par transmission héréditaire ou par incroyable faiblesse personnelle, usez de ce signe et d'une hygiène sévère.
Si, outre le corps, l'âme a un virus de corruption, purifiez avec l'hysope du repentir et, sans hésitation, faites demi-tour, changeant la manette de votre direction morale [psychique].

L'Annonciation, Stefano di Giovanni (xve s., Italie).

POUR ALLER PLUS LOIN

SOURCES BIBLIQUES

La phrase en alphabet sacré inscrite en exergue autour du pentacle est extraite du Psaume 51, que nous rencontrerons également dans le pentacle 43 (p. 238).

Dans le Nouveau Testament, le mot grec traduit par « péché » signifie plus précisément « ratage de cible ». En perdant de vue le centre, on s'égare. Pour ce Psaume 51, le péché est un égarement, une transgression de la loi, une défection à l'égard de Dieu, une révolte contre sa volonté.
Il refuse à Dieu son dû. Dès notre conception, nous sommes poussés vers ces attitudes. Dans l'intimité de sa conscience, le psalmiste le reconnaît. Il demande que Dieu veuille bien le purifier, comme avec l'hysope, le laver en sorte que son âme soit plus blanche que la neige.

Vierge d'humilité, Fra Angelico (xve s., Florence, Italie).

CONTRÔLER SES PULSIONS

« Si, outre le corps, l'âme a un virus de corruption, purifiez avec l'hysope du repentir et, sans hésitation, faites demi-tour, changeant la manette de votre direction morale [psychique] », écrit l'abbé Julio dans les applications de ce pentacle.

Traduit en français d'aujourd'hui, il convient de lire que des pulsions de toutes sortes ne cessent de traverser notre psychisme. Elles nous « décentrent ». Pour nous remettre dans l'axe, il convient en premier lieu d'en reconnaître lucidement l'existence, puis de les réorienter. Pour dire les choses autrement, je peux être traversé par des crises de colère qui me détruisent, ainsi que mon entourage. Cette colère une fois reconnue, je puis en faire une « sainte colère », celle qui renverse les obstacles pour faire avancer une cause humanitaire.

DU CANTIQUE DES CANTIQUES À MARIE

Dans les traductions anciennes du Cantique des Cantiques, poème d'amour biblique, un verset évoque un lys : « Je suis un narcisse de la Plaine, un lis des vallées ». La traduction pose d'insolubles problèmes d'identification des plantes. Pour le « lis des vallées », on peut aussi bien évoquer le *Pancratium* ou le *Narcissus tazetta*, entre autres.

La fleur dont il s'agit est probablement de couleur rouge : *« Ses lèvres sont des lis distillant de la myrrhe fluide »,* la myrrhe étant de couleur rouge.

L'interprétation religieuse médiévale en fait le lys blanc. La fleur de lys prendra d'abord une valeur christologique, avec des représentations du Christ au milieu de lys ou de fleurons stylisés.

Ensuite, avec le développement du culte de la Vierge, s'ajoute la symbolique mariale du lys. Elle est induite par le verset suivant du Cantique des Cantiques : « Comme un lis parmi des ronces, telle est ma compagne parmi les filles. »

Elle l'est aussi par l'interprétation d'autres passages de la Bible où le lys est présenté comme symbole de virginité et pureté, d'où la mise en parallèle avec Marie, réputée comme vierge. Cette signification s'accentue-

ra lorsque Marie sera progressivement considérée au Moyen Âge comme ayant été elle-même préservée, au moment de sa conception, de toute tache de la faute originelle et de ses conséquences. Le dogme de l'Immaculée Conception fut officiellement proclamé en 1854 par le pape Pie IX.
Des représentations de Marie avec des fleurs de lys se voient sur des monnaies émises par des évêques à partir du XIe siècle.
L'association du Christ ou de Marie à la fois avec le lys blanc et avec le motif stylisé donne à celui-ci une identité botanique claire, de valeur au moins temporaire, médiévale : celle du « lys de la Madone », *Lilium candidum*.

Dans les temps anciens

Le motif stylisé nommé *fleur de lys* – ou *lis* – se rencontre sur des documents archéologiques très anciens et de civilisations diverses. Il se trouve dès le troisième millénaire avant notre ère en Assyrie.
Plus près de nous, une fleur de lys parfaite figure sur le revers d'un statère arverne (une pièce de monnaie dont la provenance correspond à l'Auvergne actuelle) du premier siècle. L'ancienneté du motif ne permet pas de dire quelle fleur en est l'inspiratrice.

Vitrail très ancien représentant la colombe de paix ainsi que le lys et la croix.

LE LYS ROYAL

La fleur de lys mariale est devenue courante sur les monnaies des évêques et les sceaux des chapitres aux XIe et XIIe siècles. Le lien privilégié avec la monarchie française s'est créé sous l'influence de Suger et de saint Bernard. Vouant une dévotion à la Vierge, ils s'efforcèrent de placer le royaume de France sous sa protection. Les rois capétiens Louis VI et Louis VII introduisirent alors la fleur de lys mariale dans la symbolique du pouvoir royal.
Ensuite, la première fleur de lys apparaîtra sur un sceau royal français, en 1180 sur un sceau de Philippe Auguste, puis en 1211 sur l'écu du prince Louis, futur Louis VIII (d'après un sceau le figurant).
Le lys sert d'attribut à saint Joseph, à saint Vital de Salzbourg, à saint Nicolas de Tolentino, à saint Dominique, à saint Casimir et à sainte Catherine de Sienne.

39

L'AMOUR PUR

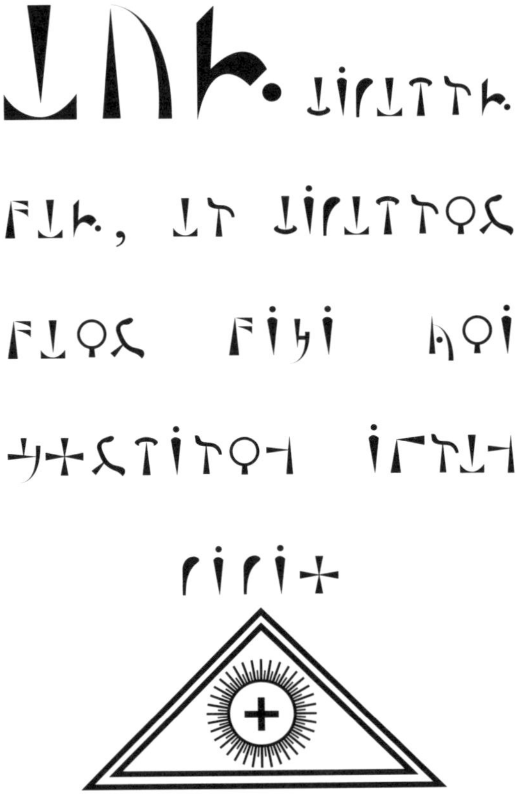

QUAND UTILISER CE PENTACLE ?

- Amour heureux
- Amitié sincère
- Retrouver le sens moral

PRÉSENTATION PAR L'ABBÉ JULIO

EXPLICATIONS

Au centre : *Dilectus meus mihi et ego illi, qui pascitur inter lilia.*
Ce qui signifie : « Mon bien-aimé est à moi, et je suis à lui, qui vit parmi les lis. »
C'est l'éternel chant d'amour qui ne finira jamais sur terre, plus ravissant et plus pur encore dans l'au-delà, puisque le Ciel c'est aimer. Lisez, au commencement de ce volume [*Grands Exorcismes et Bénédictions*], mon *Hymne à l'Amour universel.*

APPLICATIONS

Amour des fiancés. Amour partagé. Union des époux. Mariage heureux. Amitié sûre.

POUR ALLER PLUS LOIN

SOURCES BIBLIQUES

Le texte en alphabet sacré inscrit à l'intérieur du pentacle (l'abbé Julio en donne la traduction latine et française dans son *Explication*) est extrait du Cantique des Cantiques.

En étudiant le pentacle 29 (p. 180), nous avons donné la signification du Cantique des Cantiques.
Rappelons que c'est un recueil de chants d'amour. La structure de la composition montre que le Cantique a été conçu entièrement comme un chant de la femme, qui a le premier et le dernier mot et joue le rôle dominant. Ses interlocutrices sont d'un bout à l'autre les « filles de Jérusalem ». Son bien-aimé qui, fréquemment, prend aussi la parole, est décrit sous les traits d'un berger descendu d'au-delà des montagnes.

La Bien-aimée (ou *La Fiancée*), Dante Gabriel Rossetti (XIXe s., Angleterre). Pour accompagner ce portrait de l'Épouse du texte biblique, le peintre inscrivit sur le chassis de la toile quelques vers du prologue du Cantique des Cantiques.

UNE CITATION MODIFIÉE

La citation du Cantique des Cantiques une fois traduite en latin – *Dilectus meus mihi et ego illi, qui pascitur inter lilia* – est celle de la *Vulgate*, la traduction latine de la Bible. Mais l'abbé Julio transforme la phrase. Sur le pentacle, il écrit en effet : *Ego dilecto meo et dilectus meus mihi qui pascitur inter lilia*. Sur le fond, le sens reste le même, mais l'échange des consciences (de celui qui parle et de son bien-aimé) est accentué. Le texte d'origine « [Celui qui est] mon bien-aimé » devient « Moi, à mon bien-aimé ». Sur le pentacle que nous avons dessiné, nous avons respecté la phrase modifiée, conforme au choix de l'abbé Julio.

LA PLUS GRANDE CHOSE DU MONDE

Jésus ne demande pas la croyance ou le respect d'un quelconque interdit : il demande l'amour. Dans l'Évangile de Matthieu, on lit : « “Maître, quel est le grand commandement dans la Loi ?” Jésus lui déclara : “Tu aimeras le Seigneur ton Dieu de tout ton cœur, de toute ton âme et de toute ta pensée. C'est là le grand, le premier commandement. Un second est aussi important : Tu aimeras ton prochain comme toi-même. De ces deux commandements dépendent toute la Loi et les Prophètes”. »
Dans la première lettre aux Corinthiens, Paul précise à son tour que la plus grande chose du monde, c'est l'amour : « Maintenant donc ces trois-là demeurent, la foi, l'espérance et l'amour, mais l'amour est le plus grand. »

L'ESPRIT D'AMOUR

L'abbé Julio évoque son *Hymne à l'Amour universel*. C'est un poème écrit dans le style de l'époque. Pour qu'un pentacle soit pleinement efficace, l'intention et la conduite de celui qui l'utilise doivent coopérer, changer de direction. D'où la recommandation de l'abbé Julio de le lire.

L'« Hymne à l'amour » de Julio a vieilli. Bien qu'antérieur de dix-neuf siècles, celui de l'apôtre Paul (pentacle 29, p. 180) n'a en revanche pas pris une ride. Pour déployer sa pleine efficacité, nous proposons à chaque utilisateur de ce pentacle de le lire une fois par semaine, pendant trois mois. Mais vous pouvez aussi choisir de ne lire que les versets qui se rapportent spécialement aux qualités de « l'amour pur », celui qu'active ce pentacle : « L'amour prend patience. L'amour rend service, il ne jalouse pas, il ne plastronne pas, il ne s'enfle pas d'orgueil, il ne fait rien de laid, il ne cherche pas son intérêt, il ne s'irrite pas, il n'entretient pas de rancune, il ne se réjouit pas de l'injustice, mais il trouve sa joie dans la vérité. Il excuse tout, il croit tout, il espère tout, il endure tout. L'amour ne disparaît jamais. »

Renforcer la puissance de votre pentacle !

Faites entrer ces qualités dans votre vie. Si l'on attire ce qui nous ressemble, cela décuplera la puissance du pentacle ! En réfléchissant au passé, vous constaterez que les heures qui laissèrent dans votre vie les traces les plus profondes, les plus lumineuses, les moments où vous avez vraiment vécu, sont ceux où vos actions furent dictées par un esprit d'amour. Ces moments, vous les verrez resplendir bien au-dessus de tous les souvenirs gardés des autres plaisirs.

Le Sacré-Cœur couronné par le Christ, anonyme, d'après Antonie Wierix (XVIIe s.).

Lithographie représentant le cœur sacré du Christ.

40

LA SAINTE HOSTIE

QUAND UTILISER CE PENTACLE ?

- Aisance financière
- Contre la détresse profonde
- Élévation de l'âme

PRÉSENTATION PAR L'ABBÉ JULIO

EXPLICATIONS

Image de la sainte hostie avec le monogramme du Christ IHS : *Insous*, « Jésus-Christ ».

En exergue : *Petierunt, et venit coturnix, et pane coeli saturavit eos.*

Ce qui signifie : « Ils demandèrent, et tout aussitôt parut la caille, et il les rassasia d'un pain tombé du ciel. »

APPLICATIONS

La demande du pain quotidien, c'est-à-dire de l'honnête aisance, par le travail dans la bonne santé. Que voulez-vous de plus ? Contre les menaces de ruine, et même de la détresse la plus profonde.

L'homme ne vit pas seulement de pain : s'il doit soutenir la matière, il doit aussi agrandir son être spirituel, par le pain de la Parole, par le pain de l'étude et de la méditation, par le pain des anges, par l'eucharistie bien comprise. Mais qui comprendra ? Si l'homme ne songe qu'à la bête, bête il sera et restera. Ô homme, lève-toi et réveille-toi ! Quelque humble que tu sois, sois plus grand que les grands qui ne sont que des bêtes.

POUR ALLER PLUS LOIN

SOURCES BIBLIQUES

La phrase en alphabet sacré inscrite en exergue autour du pentacle est extraite du Psaume 105, déjà rencontré dans le pentacle 21 (p. 148).

Le Psaume explique surtout les relations entre Dieu et Israël. Le verset retenu par l'abbé Julio rappelle qu'après la plaie des premiers-nés, le Pharaon permit aux Israélites de quitter l'Égypte. Pressés de les voir disparaître, les Égyptiens les laissèrent emporter des objets d'argent et d'or, qu'ils étaient censés leur prêter. Dieu les accompagna, tantôt dans une colonne de nuée, qui les protégeait contre la chaleur du jour, tantôt dans une colonne de feu, qui éclairait leur marche durant la nuit. À leur demande, il leur envoya des cailles et la manne ; plus tard, l'eau sortit du rocher.

La Sainte Eucharistie, publié par N. Currier (XIXe s., États-Unis).

Calice avec hostie, Cornelis Galle (I) (XVIIe s., Belgique).

LE MONOGRAMME IHS

Le monogramme trilitère grec IHΣ (pour Ιησους, le nom de Jésus) se rencontre déjà parmi les plus anciens symboles chrétiens. Lorsque le latin devint la langue dominante du christianisme, le monogramme fut mal compris, le *èta* grec (en majuscule) étant identique à la lettre latine H. Le monogramme devint I.H.S. et interprété librement comme signifiant :

- pour certains, le IHSV, le « IN HOC SIGNO VINCES » de l'empereur Constantin (*Par ce signe tu vaincras*, mots que Constantin affirme avoir entendus avant la bataille du pont Milvius, en 312). On trouve ce sigle IHSV sur des tombes du haut Moyen Âge;
- pour d'autres, le « IESUS, HOMINUM SALVATOR » (*Jésus, Sauveur des hommes*), « IESUM HABEMUS SOCIUM » (*Nous avons Jésus pour compagnon*) ou encore « IESUS, HOMO, SALVATOR » (*Jésus, Homme, Sauveur*) rencontré souvent dans des textes latins.

L'HOSTIE

Le motif central de ce pentacle est l'hostie. Pour en comprendre la signification profonde, voici quelques pistes.

Dans toutes les religions, il existe des repas rituels. On y consomme, entre autres choses, la chair des animaux sacrifiés. Mais il y est rarement question de manger le dieu !

Le cœur du christianisme, c'est l'eucharistie. Plus précisément, c'est la récitation rituelle des paroles et des gestes du Christ lors de la Cène, alors qu'il bénit le pain et le vin et le donna à ses disciples en disant : « Prenez, mangez, ceci est mon corps [...] Buvez-en tous, car ceci est mon sang, le sang de l'Alliance [...] »

À ces paroles et gestes d'origine supra-humaine est attachée une énergie spirituelle capable de réaliser ce qu'ils signifient. Le Christ ordonna à ses apôtres de procéder à cette récitation rituelle : « Faites cela en mémoire de moi. »

La Vierge qui adore l'hostie,
Jean-Auguste-Dominique Ingres
(XIXe s., France).

À quelle fin ? Le seul fait de naître nous condamne à mort. Nous sommes en effet porteurs d'un sang « contaminé », d'un bagage génétique périssable. Or, Jésus naît de la semence du Père céleste. Il naît aussi de Marie qui parvient – de chaque cellule de son corps – à dire « oui » à cette semence. Jésus naît avec un sang exempt de cette contamination.

Jésus institue un rite. Ce rite est le procédé par lequel nous pouvons reproduire les qualités de son sang. Ce sang tient le rôle d'antidote aux tares dont notre sang « naturel » est porteur : « En vérité, en vérité, je vous le dis, si vous ne mangez pas la chair du Fils de l'homme et si vous ne buvez pas son sang, vous n'aurez pas en vous la vie. Celui qui mange ma chair et boit mon sang a la vie éternelle [...] Car ma chair est vraie nourriture, et mon sang vraie boisson. Celui qui mange ma chair et boit mon sang demeure en moi et moi en lui. Et comme le Père qui est vivant m'a envoyé et que je vis par le Père, ainsi celui qui me mangera vivra par moi. Tel est le pain qui est descendu du ciel : il est bien différent de celui que vos pères ont mangé ; ils sont morts, eux, mais celui qui mangera du pain que voici vivra pour l'éternité. »

Ce qu'énonce l'antique oraison de la messe romaine que le prêtre récite à l'offertoire en versant un peu d'eau dans le vin du calice : « Dieu, qui avez établi la nature humaine dans une admirable noblesse, et qui l'avez rétablie d'une manière plus admirable encore : donnez- nous, par le mystère sacramentel de cette eau et de ce vin, d'avoir part à la divinité de Celui qui a daigné prendre part à notre humanité. »

Pyxide, vase sacré utilisé pour conserver les hosties (XIIIe s., Œuvre de Limoges, France).

41

LES RAISINS

QUAND UTILISER CE PENTACLE ?

- Pour le retour à des valeurs spirituelles
- Contre la stérilité

PRÉSENTATION PAR L'ABBÉ JULIO

EXPLICATIONS

En exergue : *Qui habitare facit sterilem in domo matrem filiorum laetantem.*
Ce qui signifie : « C'est lui qui dans sa maison a reçu cette femme stérile, maintenant si joyeuse d'avoir tant d'enfants. »
Cette femme stérile, c'est, d'après l'interprétation des Pères, l'Église elle-même, stérile dans sa propre maison, par la faute des faux apôtres, qui ne songent qu'à leurs aises et, tuent les âmes, au lieu de les amener à la vie. Cela dure depuis des siècles, car l'Église a été faussée par les papes.
Les apôtres vont ressusciter : fêtons ce renouveau.

Marie avec l'enfant Jésus, Adriaen van Wesel (xve s., Pays-Bas).

APPLICATIONS

Par ce signe, demander de bons prêtres, faire disparaître le mauvais sacerdoce. Là est l'avenir du monde.
Par extension, ce signe aide à l'abondance de la famille : les bourgeois ne nous le demanderont pas, sous prétexte de nécessités sociales dont ils sont les premières victimes. Il n'est pas donné à beaucoup de comprendre l'intérêt général, de voir plus loin que le présent.

POUR ALLER PLUS LOIN

SOURCES BIBLIQUES

La phrase en alphabet sacré inscrite en exergue autour du pentacle est extraite du Psaume 113.

Dieu se penche vers ceux qui sont petits, faibles ou malheureux. Il ramasse le pauvre et l'indigent dans la poussière ou sur le fumier pour en faire des princes. La femme stérile, facilement méprisée, surtout en Orient, et trop souvent répudiée et rejetée hors de la maison, devient miraculeusement féconde ; Dieu la fait trôner joyeusement dans la maison, entourée d'une couronne de fils.

Vitrail représentant la Sainte Eucharistie (fin XIXe s., cathédrale Notre-Dame-Immaculée de Monaco).

Vierge à l'enfant, Fra Angelico (XIe s.).

L'IMAGERIE DE LA VIGNE

Familière à l'Ancien Testament, l'imagerie de la vigne passe dans le Nouveau.

Jésus l'exploite pour illustrer ses paraboles, comme celle-ci, extraite de l'Évangile de Matthieu :

« "Quel est votre avis ? Un homme avait deux fils. S'avançant vers le premier, il lui dit : 'Mon enfant, va donc aujourd'hui travailler à la vigne.' Celui-ci lui répondit : 'Je ne veux pas' ; un peu plus tard, pris de remords, il y alla. S'avançant vers le second, il lui dit la même chose. Celui-ci lui répondit : "J'y vais, Seigneur" ; mais il n'y alla pas. Lequel des deux a fait la volonté de son père ? – "Le premier", répondirent-ils. Jésus leur dit : "En vérité, je vous le déclare, collecteurs d'impôts et prostituées vous précèdent dans le Royaume de Dieu". »

Détail de la façade du Duomo de Milan. Le retour des espions de Canaan avec de grandes grappes de raisin (XIVe s., Milan, Italie).

Jésus lui-même se dit « la vigne, la véritable », celle dont le Père est le vigneron : tout homme qui « demeure en lui » et reste fidèle à son enseignement est pareil au sarment qui se nourrit de la sève même du cep qui le porte et peut ainsi donner du fruit. En revanche, toute branche qui se détache du pied de vigne devient sèche, on la retranche et on la brûle.

Et, puisque le Christ est lui-même la vigne et pour bien faire entendre que Jésus a versé tout son sang jusqu'à la dernière goutte, les imagiers de la fin du Moyen Âge le mettent sous la vis d'un pressoir. Le sang jaillit comme le jus du raisin et coule dans la cuve. C'est le thème connu sous le nom de « Pressoir mystique » ou « Pressoir d'amour ».

L'art de la fin du Moyen Âge osa bien plus : Jésus devint lui-même le fruit de la vigne et prit sa place sous les bois du pressoir, selon ce qu'avait dit saint Augustin qui voyait en lui le divin raisin.

42

LES CHARBONS ARDENTS

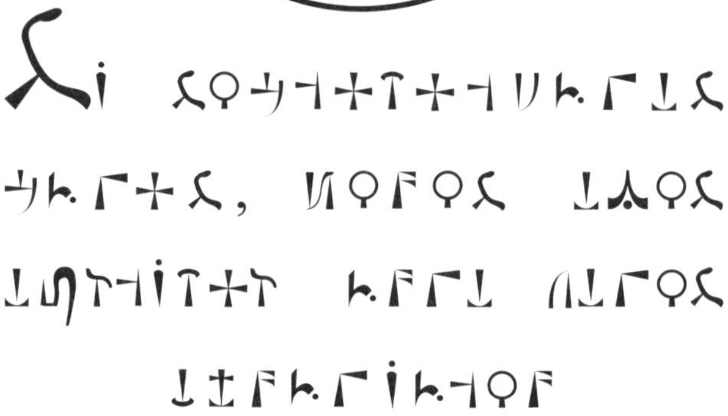

QUAND UTILISER CE PENTACLE ?

- Mariage malheureux
- Contre tout sort et envoûtement
- Contre les malveillances

PRÉSENTATION PAR L'ABBÉ JULIO

EXPLICATIONS

Le signe représente des charbons allumés.
Autour, à l'intérieur : *Fugite, partes adversae !* « Fuyez, Puissances ennemies ! »
Au-dessous, lisez : *Si supracarbones ponas, fumus ejus extricat omne genus daemoniorum*
Ce qui signifie : « Si vous en mettez sur des charbons, la fumée qui sort chasse toute espèce de démons. » C'est-à-dire, posez sur le feu un peu d'encens, et votre prière, en même temps que l'encens parfumé, montera vers le ciel.

APPLICATIONS

Ce signe, bénit et consacré, est tout puissant contre les maléfices de mariage, contre tout sort lancé sur vous par n'importe quelle main, contre toute tentative de sortilège plus ou moins diabolique, contre tout envoûtement.

POUR ALLER PLUS LOIN

SOURCES BIBLIQUES

Le texte en alphabet sacré placé à l'intérieur du pentacle est extrait du Livre de Tobie, déjà rencontré dans le pentacle 14 (p. 118).

La future femme de Tobie, tourmentée par l'archange Raphaël, donne cette instruction à Tobie : « "Prends un morceau du foie du poisson ainsi que le cœur et mets-les sur la braise du brûle-parfums." L'odeur se répandra, le démon la sentira, il s'enfuira et jamais plus on ne le reverra autour d'elle. »

Nuit de noces de Sara et [Tobie], Crispijn van den Broeck (gravure du XVIe s., Belgique).

Vision d'Isaïe, Gilliam van der Gouwen, gravure d'après Bernard Picart (XVIIIe s., Belgique).

APPLICATIONS D'AUJOURD'HUI

Les applications citées par l'abbé Julio méritent quelques explications... Il évoque un cas particulier (mais fréquent à l'époque) de magie des campagnes. Quand on voulait nuire au mariage d'un voisin, on « nouait l'aiguillette » : on faisait une opération de sorcellerie qui rendait le voisin impuissant, par le biais d'un sort ou d'un envoûtement.

Plus généralement, et aujourd'hui encore, de fortes pensées de haine et de jalousie peuvent nuire à autrui et entrer dans cette catégorie, sans qu'il y ait un « envoûtement » au sens technique du terme.

LA SYMBOLIQUE DES CHARBONS ARDENTS

Les charbons ardents se retrouvent ailleurs dans la Bible. Ainsi, « si ton ennemi a faim, donne-lui à manger ; s'il a soif, donne-lui à boire. Ce faisant, tu prendras, toi, des charbons ardents sur sa tête. Mais le SEIGNEUR te le revaudra. »

Autrement dit, tu prendras à ton compte l'angoisse des malheurs qui pèsent sur lui.

Cette phrase des Proverbes est reprise dans le Nouveau Testament : « Ne rendez à personne le mal pour le mal ; ayez à cœur de faire le bien devant tous les hommes. S'il est possible, pour autant que cela dépend de vous, vivez en paix avec tous les hommes. Ne vous vengez pas vous-mêmes, mes bien-aimés, mais laissez agir la colère de Dieu, car il est écrit : "À moi la vengeance, c'est moi qui rétribuerai, dit le Seigneur [...] Ne te laisse pas vaincre par le mal, mais sois vainqueur du mal par le bien". »

À l'époque biblique, pour la cuisson, une tâche consistait à transporter sur la tête – et d'un endroit à un autre – des charbons ardents contenus dans un bol. Cette tâche était souvent confiée à un enfant. Le chrétien répond à ses ennemis en leur faisant du bien. L'image des charbons, symbole d'un poids supporté et d'une douleur cuisante, désigne le remords qui amènera le pécheur au repentir.

LE CHARBON ARDENT PURIFICATEUR

Dans le Livre d'Isaïe, on lit : « L'un des séraphins vola vers moi, tenant dans sa main une braise qu'il avait prise avec des pinces sur l'autel. Il m'en toucha la bouche et dit : "Dès lors que ceci a touché tes lèvres, ta faute est écartée, ton péché est effacé". »

Dans la Bible, ces charbons ardents se trouvent surtout dans le temple comme ustensiles religieux : ce sont eux sur lesquels on brûle les parfums offerts à Dieu.

Le feu est principalement un instrument de purification. Le pentacle de l'abbé Julio se rattache à l'aventure de Tobie et aux épisodes que nous venons de rappeler.

Les lèvres d'Isaïe purifiées par le feu, B. West (XVIIIe s., Angleterre).

43

LE CALICE ET LA COLOMBE

QUAND UTILISER CE PENTACLE ?

- Pureté du corps et de l'âme
- Contre les maladies de la peau (eczéma, prurit, boutons...)

PRÉSENTATION PAR L'ABBÉ JULIO

EXPLICATIONS

Un calice dans lequel une colombe vient s'abreuver.
En exergue : *Lavabis me, et super nivem dealbabor.*
Ce qui signifie : « Vous me laverez et je deviendrai plus blanc que la neige. »

APPLICATIONS

Pureté du corps : propreté méticuleuse. Pureté de l'âme : conscience nette de tout tort fait à soi-même, c'est facile, de tout tort fait au prochain – cela souffre quelques difficultés dans la pratique : cependant, avec une vaillance sans cesse en éveil, on parvient à friser la perfection.
Le calice de la vie a beaucoup d'amertumes : buvez toujours, et pour vous bientôt cessera l'amertume, qui se changera en doux miel, si [...] vous savez [...] vivre.
Si la neige des ans a descendu sur votre front, que votre âme soit pure, et vous garderez le rayonnement de la perpétuelle jeunesse.
Ce signe sert aussi dans toutes les maladies qui attaquent la surface de la peau : boutons, furoncles, prurit, démangeaisons, eczéma, gale, lèpre, etc.

POUR ALLER PLUS LOIN

SOURCES BIBLIQUES

La phrase en alphabet sacré inscrite en exergue autour du pentacle est extraite du Psaume 51, déjà rencontré dans le pentacle 38 (p. 218).

À propos du verset choisi par l'abbé Julio, notons que Dieu insistera en disant plus tard (Livre d'Isaïe 1) : « Si vos péchés sont comme l'écarlate, ils deviendront blancs comme la neige. S'ils sont rouges comme le vermillon, ils deviendront comme de la laine. »

Cartouche avec calice et hostie, anonyme (XVII-XVIIIe s.).

Calice de Tassilo illustré et réhaussé d'or et d'argent (VIIIe s., Allemagne).

LE SANG DE L'ALLIANCE

Ce pentacle de l'abbé Julio est centré sur le calice (le vin) alors que le pentacle 40 (p. 226) est centré sur l'hostie (le pain). Concentrons-nous sur la coupe et sur la colombe qui vient s'y abreuver.

Dans la Première Alliance, qui fait l'objet de l'Ancien Testament, le sang des animaux sacrifiés était recueilli dans les coupes d'aspersion. Puis il était versé sur l'autel et sur le peuple. Ainsi était renouvelée l'alliance entre le peuple purifié et Dieu.

Dans la Nouvelle Alliance, qui fait l'objet du Nouveau Testament, le problème se pose différemment. Il s'agit d'achever l'homme jadis créé inachevé. Il s'agit de le configurer au prototype de l'homme achevé qu'est le Christ. Ce processus implique les couches les plus denses de l'être humain, tant physiques que psychiques.

>> La consécration du vin

Comment retrouver la pureté d'un sang aujourd'hui porteur de la mortalité, porteur de notre ancestralité, porteur de notre histoire ? Sinon en absorbant l'antidote, un sang non contaminé car d'origine non humaine...

Le Christ, né d'un Père divin et d'une mère exempte des conséquences de la transgression originelle, est porteur de ce sang particulier. Il livre un rite précis : la consécration du pain et du vin effectuée par la communauté rassemblée à cette intention. Il transmet le procédé par lequel l'assemblée se rend un instant présente à l'événement du Calvaire : elle en ramène un pain et un vin eux-mêmes reconfigurés en son corps et en son sang. Un sang qui fait antidote à la contamination de notre propre sang (pentacle 40, p. 226).

Deux colombes buvant : détail d'une mosaïque du mausolée bizantin de Galla Placidia (ve s., Ravenne, Italie).

>> Le symbole de la colombe

Sur les lampes chrétiennes des quatre premiers siècles, sur celles de l'antique Carthage chrétienne notamment, nous voyons souvent la colombe posée sur le calice qu'adorent deux autres colombes, deux agneaux, deux petits poissons. C'est le Christ offrant son sang aux fidèles.

Quand, au contraire, deux colombes boivent au vase sacré, ou se reposent sur lui, c'est l'image des chrétiens puisant à la coupe leur régénération, la substance qui favorise leur passage du biologique au spirituel : « En vérité, en vérité, je vous le dis, si vous ne mangez pas la chair du Fils de l'homme et si vous ne buvez pas son sang, vous n'aurez pas en vous la vie. Celui qui mange ma chair et boit mon sang a la vie éternelle [...] Car ma chair est vraie nourriture, et mon sang vraie boisson. Celui qui mange ma chair et boit mon sang demeure en moi et moi en lui. »

La même interprétation s'impose quand les colombes tiennent dans leur bec une branche de vigne fruitée (la vigne dont on extrait le vin, image du sang).

44

L'ŒIL DE DIEU

QUAND UTILISER CE PENTACLE ?

- Pour tout trouble oculaire

PRÉSENTATION PAR L'ABBÉ JULIO

EXPLICATIONS

Un œil dans un triangle, et le tout entouré des lettres du nom de Raphaël.
En exergue : *Et fel valet a ungendos oculos et sanabuntur.*
Ce qui signifie : « Avec ce fiel, oignez les yeux, et ils seront guéris. »

APPLICATIONS

Contre tous les maux d'yeux.

POUR ALLER PLUS LOIN

SOURCES BIBLIQUES

La phrase en alphabet sacré inscrite en exergue autour du pentacle est extraite du Livre de Tobie, déjà rencontré dans les pentacles 14 et 42 (p. 118 et 234).

Le Livre de Tobie est un livre de l'Ancien Testament. Il relate un voyage initiatique. Le jeune homme part très loin pour finalement trouver comme épouse sa plus proche parente. Parti pour une raison financière, il revient de son voyage avec le remède qui guérira son père, atteint de cécité.
L'aboutissement heureux de cette quête réside dans la fidélité à la Loi. Tobie (le père) est un modèle dans ce domaine. Au péril de sa vie, il s'attache à garder les commandements de la Loi alors même qu'il se trouve en terre étrangère.
Les lettres du nom de Raphaël qui se trouvent sur le pentacle font référence au rôle guérisseur de l'archange, plus précisément encore son rôle dans la guérison de la cécité du père de Tobie. Mais c'est l'œil de Dieu qui nous intéresse ici.
Cet œil de Dieu, ou les yeux de Dieu, il en est fait référence dans plusieurs textes (Psaumes 33 et 34, Proverbes 15) : « Mais le SEIGNEUR veille sur ceux qui le craignent, sur ceux qui espèrent en sa fidélité, pour les délivrer de la mort et les garder en vie durant la famine. » ; « Le SEIGNEUR a les yeux sur les justes, et l'oreille attentive à leurs cris. » ; « En tout lieu, les yeux de IHVH guettent les mauvais et les bons. »

LE TRIANGLE

J'ai expliqué ce qu'est la Trinité dans le Nouveau Testament à l'occasion du pentacle 1 (p. 58). J'ai évoqué sa représentation sous la forme d'un triangle dans le chapitre consacré au pentacle 35 (p. 206).

LA SYMBOLIQUE DE L'ŒIL

Dieu est omniscient, omniprésent, omnipotent. Voir, savoir et agir sont ses attributs étroitement reliés entre eux. L'œil lui-même représente la divinité omnisciente, qui voit tout, consciente de tout, qui veille sur toute chose.

Dans la mythologie égyptienne, nous trouvons déjà un symbole similaire à « l'œil de la Providence » (sans le triangle) avec l'œil d'Horus. Identifié en tant que dieu du ciel, le Soleil était l'un des yeux d'Horus, la Lune étant l'autre œil. Au fil du temps, l'œil le plus faible (l'œil lunaire) a perdu son importance. Puis il a coïncidé avec le Soleil quand le culte de Thot (dieu lunaire) s'est répandu.

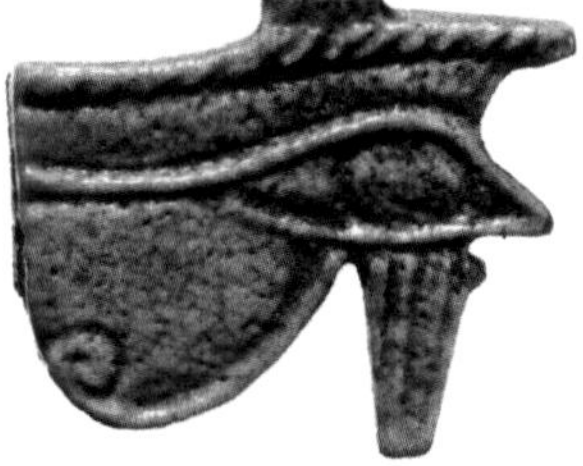

Amulette de l'œil d'Oudjat, ou œil d'Horus (664- 332 avant J.-C.).

Fenêtre ornée du baptistère de la basilique Santa Maria Maggiore (XIXe s., Rome, Italie).

« L'œil de la Providence » est un symbole montrant un œil entouré de rayons lumineux, de gloires (les irradiations de la divinité), et habituellement inclus dans un triangle. Il est parfois entouré de nuages.

Sous sa forme courante (l'œil dans le triangle), le symbole est apparu la première fois en Occident au XVIe siècle, mais s'est surtout diffusé aux XVIIe et XVIIIe siècles.

De là, il passa dans les rites maçonniques. La plupart de ceux-ci ont été « nettoyés » de leurs références religieuses au XIXe siècle, certaines institutions maçonniques françaises étant allées jusqu'à remplacer l'œil divin par le buste de la République ! Mais Dieu étant omnipotent, l'œil dans le triangle a malgré tout réussi à survivre à cette trahison spirituelle dans de nombreuses loges.

45

LA MESURE DU CHRIST

QUAND UTILISER CE PENTACLE ?

- Contre de nombreux dangers
- En cas de procès
- Pour les femmes enceintes (accouchement)
- Pour soulager les douleurs et les angoisses
- Bonheur et réussite
- Fertilité de la terre
- Protection des animaux

PRÉSENTATION PAR L'ABBÉ JULIO

EXPLICATIONS

Mesure de longueur 36 fois renouvelée qui donne la taille traditionnelle du Christ : soit 1,80 mètre.

APPLICATIONS

Protection personnelle.
Contre la mort subite. Contre la mort violente. Contre les dangers de l'eau, du feu, des armes, de la guerre, de la foudre, des tremblements de terre, de la famine, de la peste. Contre le venin des serpents. Contre toute bête dangereuse. Contre les mauvais esprits. Contre les faux témoins et les jugements.
Pour les femmes enceintes. Pour un heureux enfantement. Contre les douleurs ou dans les angoisses. Pour la fertilité de la terre. Pour les bestiaux. Pour le bonheur et la réussite.

POUR ALLER PLUS LOIN

SOURCES BIBLIQUES

Il n'y a pas de trace biblique de la taille réelle du Christ.

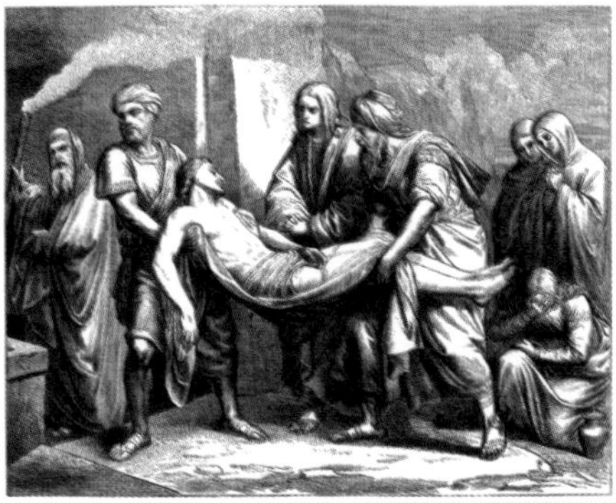

Cette médaille aurait été découverte dans une croix d'or à Jérusalem. Sa longueur, multipliée par 36, donnerait la taille du Christ, soit 5 cm x 36 = 1,80 mètre.

LE CORPS MIS AU TOMBEAU

Les Évangiles de Matthieu et Luc, reprenant celui de Marc parlent d'un linceul (en grec, *sindon*), au moment de la mise au tombeau du corps de Jésus.
Les disciples avaient enveloppé le corps dans un *sadin*. Le *sadin* est un vêtement de lin rituellement pur, une sorte de grande chemise de lin, ou de tunique, que l'on portait à même le corps et qui devait ressembler à une chemise de nuit. Il ne s'agit pas d'un linceul, ni d'un suaire, ni de bandelettes. Pour maintenir la bouche fermée, ils avaient disposé autour de sa

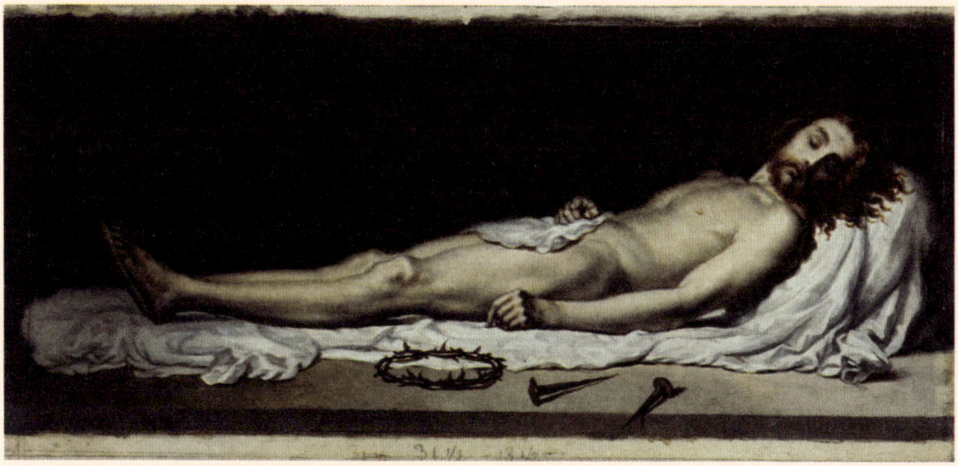

tête un *soudarion*, un linge de dimension variable, une sorte de grand mouchoir que l'on portait soit à la main, soit autour du cou, et qui était destiné en principe à essuyer la sueur.
La première, Marie-Madeleine vient tôt le matin vers le tombeau. Il fait encore nuit. Voyant que la pierre qui obstruait le tombeau a été roulée et enlevée du tombeau, elle court vers Simon-Pierre et vers l'autre disciple, Jean. Elle leur dit : « On a enlevé du tombeau le Seigneur, et nous ne savons pas où on l'a mis. »
Pierre et Jean sortent et courent vers le tombeau. Jean a devancé Pierre en courant plus vite que lui. Il arrive le premier. Il se penche et voit le *sadin*, le vêtement de lin posé là, étendu ou affaissé. Mais il n'entre pas.

Pierre arrive à son tour et entre dans le tombeau. Il regarde, il observe, il contemple le vêtement de lin étendu ou affaissé. Peut-être affaissé parce qu'il était vide du corps de Jésus. Et il voit aussi le *soudarion*, non pas affaissé comme le *sadin*, mais s'en démarquant, disposé en rond. Le *soudarion* qui a servi de mentonnière est encore enfermé dans le grand linceul, à sa place, c'est-à-dire à l'endroit où était la tête de Jésus. Le bourrelet circulaire qui se voit à l'endroit où était la tête trahit la présence de cette mentonnière.
Alors Jean voit et il est certain que c'est vrai. Le texte ne dit pas qu'il se met à croire en quoi que ce soit, mais qu'il est certain de la vérité de quelque chose. Qu'a-t-il vu ? Pierre ne semble pas avoir tiré immédiatement les conséquences de sa constatation. Jean, au contraire, avait assisté l'avant-veille à l'ensevelissement de Jésus. Il constate que dans le caveau funéraire rien n'a bougé. Le paquet funéraire, gisant, affaissé, vide, est resté clos et

inviolé. La disposition des linges, affaissés, et de la mentonnière, distincte de ceux-là et disposée en rond, le révèle : Jésus est entré dans la nouvelle dimension de son existence. Il a laissé derrière lui – tels quels – les linges funéraires qui entouraient son cadavre.

Les disciples ne s'attendaient pas à ce que Jésus se relève d'entre les morts. Ce fut pour eux une surprise, un événement nouveau et imprévu.

Le suaire de Turin

Si le suaire de Turin a bien enveloppé le corps du Christ, rien n'est dit dans les Évangiles à propos de la conservation ou la vénération ultérieure de ces linges. De cette conservation, les Actes des Apôtres, qui racontent notamment l'histoire de la première communauté de disciples de Jésus à Jérusalem, ne disent rien non plus.

L'homme du suaire de Turin – un linceul montrant l'image floue d'un homme présentant les traces de blessures correspondant à celles d'une crucifixion – porte une barbe qui se divise en deux parties et des cheveux au milieu des épaules. Il est assez musclé. Sa taille est assez difficile à mesurer à cause des déformations du tissu. Les mesures effectuées par des chercheurs varient entre 162 et 187 centimètres. Selon le théologien Werner Bulst, « il est probable que la valeur exacte soit à situer dans un chiffre moyen parmi ceux indiqués, de l'ordre de 170 centimètres ».

Des taches rouge foncé figurent sur le tissu, correspondant à diverses blessures. Un poignet au moins présente une grande tache de forme circulaire (le deuxième poignet est caché par le pliage des mains). Sur le côté, il semble qu'une autre tache soit présente ; des petites taches autour du front ressemblent à des blessures et une masse de traces linéaires apparaissent sur le torse et les jambes. Sous les traces de sang, on ne retrouve pas la coloration qui caractérise l'image du corps.

Page 247 : *Enterrement du Christ*, Mathias Schmid (XIXe s., Allemagne).

Page 248 : *Le Christ mort*, Adolphe-Henri Dubasty (XIXe s., France).

46

LE GLAIVE

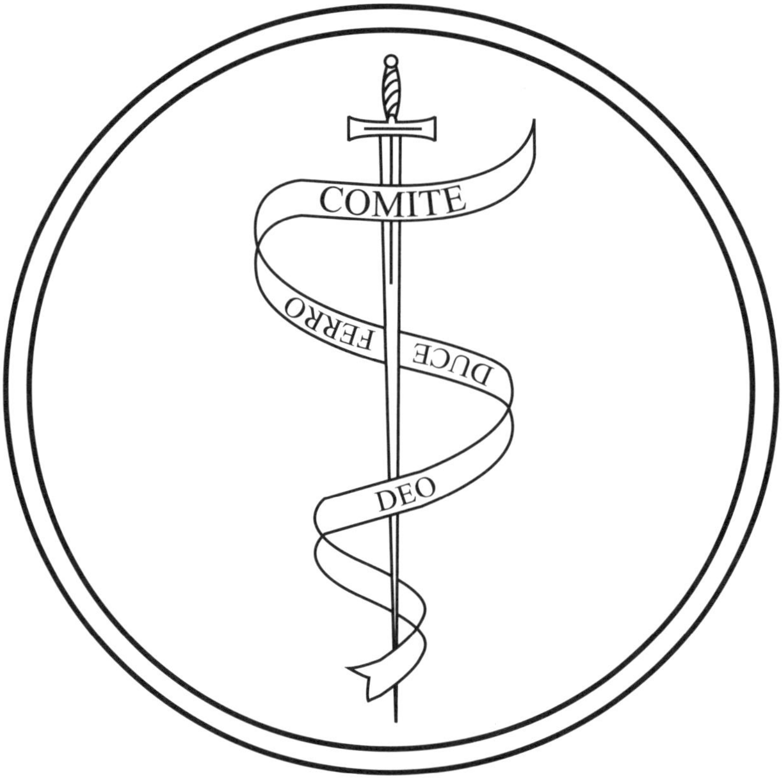

QUAND UTILISER CE PENTACLE ?

- Contre tout ennemi
- Contre la guerre
- Contre les catastrophes terrestres
- Pour les militaires

PRÉSENTATION PAR L'ABBÉ JULIO

EXPLICATIONS

Un glaive avec ces paroles inscrites sur une banderole : *Deo duce, ferro comite.*
Ce qui signifie : « Dieu est mon chef et mon épée ma fidèle compagne. »

APPLICATIONS

Contre tout ennemi. Contre la guerre. Contre les calamités terrestres. Pour les militaires.

Vitrail d'une église méthodiste.

POUR ALLER PLUS LOIN

SOURCES BIBLIQUES

Pas de sources bibliques pour ce pentacle.
Plusieurs villes de France et anciennes familles ont la phrase « Dieu est mon chef et mon épée ma fidèle compagne » pour devise.

LES RELIGIONS SONT-ELLES VIOLENTES ?

En accusant les religions de violence, on oublie que les deux idéologies les plus meurtrières que l'humanité ait connues furent le communisme et le nazisme. Leur point commun ? Elles furent toutes deux athées militantes et s'acharnèrent contre le judaïsme et le christianisme. Les rabbins et les prêtres furent fusillés, les synagogues et les églises dynamitées.
Cet aboutissement de l'athéisme à des idéologies meurtrières est logique : quand l'être humain est réduit à une machine sans transcendance, quel principe éthique retiendrait les plus forts d'abuser des plus faibles ?
Les droits de l'homme – ou plus exactement le respect de la vie – sont une version laïcisée de l'éthique enseignée par les Évangiles. Ils ne pouvaient apparaître que dans une contrée chrétienne ou bouddhiste, l'éthique de ces deux religions étant très proche.
De leur côté, les fondamentalistes de toutes obédiences ont, au fil des siècles, fait dire aux Évangiles le contraire de ce qu'ils contiennent.

Le Christ enseigna la non-violence ? D'autres ont justifié la guerre défensive, ce qui peut se concevoir, puis la peine de mort, ce qui va contre les textes. Aujourd'hui, la théologie catholique du XXIe siècle est revenue à une position cohérente en rejetant officiellement la peine de mort, quels que soient l'âge, le sexe, la taille ou le poids du condamné.

LE GLAIVE ET L'ÉPÉE DANS LES ÉVANGILES

Dans l'Évangile de Matthieu, nous rencontrons cette phrase étonnante : « N'allez pas croire que je sois venu apporter la paix sur la terre ; je ne suis pas venu apporter la paix, mais bien le glaive. » Dans ces versets, l'épée est celle dont les apôtres seront frappés eux-mêmes.

Une fois, Jésus emploie le mot « épée » dans son sens matériel :

« Et il leur dit : "Lorsque je vous ai envoyés sans bourse, ni sac, ni sandales, avez-vous manqué de quelque chose ?" Ils répondirent : "De rien." Il leur dit : "Maintenant, par contre, celui qui a une bourse, qu'il la prenne ; de même celui qui a un sac ; et celui qui n'a pas d'épée, qu'il vende son manteau pour en acheter une. Car, je vous le déclare, il faut que s'accomplisse en moi ce texte de l'Écriture : On l'a compté parmi les criminels. Et, de fait, ce qui me concerne va être accompli." –"Seigneur, dirent-ils, voici deux épées." Il leur répondit : "C'est assez". »

Deux épées pour douze, c'est peu. Cette épée leur est accordée par Jésus parce qu'ils vont se retrouver seuls après son départ. À cette époque, sortir sans arme c'est comme sortir tout nu ! La suite de l'histoire (Évangile 26 de Matthieu et 22 de Luc) prouve que ces deux épées n'avaient pas pour objet de guerroyer.

Statue de l'apôtre Pierre et son épée (cathédrale Saint-Pierre, Brême, Allemagne).

LE CHRIST EST UN BOUCLIER EFFICACE

Si les chrétiens avaient conservé la puissance – communiquée par le Christ – qui permettait de ressusciter les morts, cette puissance aurait été disponible pour se défendre des agressions extérieures. Lorsque les apôtres sont emprisonnés, un messager de Dieu ouvre les portes de la prison et les libère. Le lendemain, les gardes sont toujours à leur poste, la cellule est encore fermée, mais elle est vide de ses occupants.

« Sur ces entrefaites le Grand Prêtre et tout son entourage – il s'agissait du parti des Sadducéens – furent remplis de fureur ; ils firent appréhender les apôtres et les jetèrent publiquement en prison. Mais, pendant la nuit, l'ange du Seigneur ouvrit les portes de la prison, les fit sortir et leur dit : "Allez, tenez-vous dans le temple, et là, annoncez au peuple toutes ces paroles de vie !" Ils l'écoutèrent ; dès le point du jour, ils se rendirent au temple ; et là ils enseignaient. Le Grand Prêtre arriva : lui et son entourage convoquèrent le Sanhédrin, assemblée générale des Israélites, et ils envoyèrent chercher les apôtres à la prison. Mais les serviteurs, une fois sur place, ne les trouvèrent pas dans le cachot. De retour, ils rendirent compte en ces termes : "Nous avons trouvé la porte de la prison soigneusement fermée, et les gardes en faction devant les portes ; mais quand nous avons ouvert, nous n'avons trouvé personne à l'intérieur". »

Panneau de retable représentant saint Paul, Lippo Memmi (XIVe s., Italie).

L'archange Michel portant son épée avec laquelle il terrassa Satan, symbolisé par un dragon.

LES SIX PRIÈRES SUR PARCHEMIN ET LES SEPT ORAISONS

LES SIX PRIÈRES SUR PARCHEMIN

LA PRIÈRE DE DEMANDE EST LÉGITIME

Jésus n'a pas nourri la foule avec des sermons, mais avec des pains et des poissons. Il convient simplement de procéder à cette demande avec l'attitude adéquate. Aucune contrainte ne peut être exercée sur le plan divin.

En revanche, si vous êtes capable de formuler votre demande en ajoutant – surgi du fond de vos tripes – « Que ta volonté soit faite et non la mienne ! », vous obtiendrez peut-être ce que vous avez demandé. La résolution d'un problème est une conséquence collatérale de la vraie prière, elle n'en est pas l'objectif.

L'abbé Julio précise : « Il est évident que si vous faites un commandement, ce n'est plus une prière et vous n'aurez rien du tout : et c'est bien fait ; tandis que si vous êtes résigné, si vous n'avez pas ce que vous désirez, vous aurez, par ce moyen que nous vous indiquons, ce à quoi vous ne pensez pas et qui sera meilleur et plus adapté à votre karma ou destinée sur terre. »

La prière de demande est un appel au secours. Elle ne peut pas être une excuse à la paresse, vous dispensant alors d'agir.

« Certes, il n'est pas défendu de demander l'aisance, mais souvenez-vous qu'elle ne ne peut s'acquérir que par un travail persévérant et non par le hasard et ce qui vient du tambour s'écoule souvent par la flûte. »

« La grande richesse n'a que deux sources : le travail accumulé ou le vol. La première est une nécessité sociale pour la prospérité des choses humaines, mais c'est une lourde charge, pleine d'afflictions. La seconde ne dure pas trois générations. La vraie richesse est la santé et la paix d'une bonne conscience. »

PEUT-ON PRIER POUR DES BIENS TEMPORELS ?

Est-ce à dire que nous pouvons demander ce qui nous passe par la tête ? Non. Saint Thomas d'Aquin, docteur de l'Église, précise le critère :

« Il est permis de désirer les biens temporels, non pas sans doute à titre principal, en mettant en eux notre fin ; mais comme des secours qui nous aident à tendre à la béatitude, en tant que notre vie corporelle trouve en eux son soutien, et que notre activité vertueuse les emploie à titre d'instrument, selon Aristote. Il est donc permis de prier pour les obtenir. Et c'est ce que dit saint Augustin : "Il est très normal de vouloir les moyens suffisants pour vivre, quand on veut cela et rien de plus. On ne les recherche pas pour eux-mêmes mais pour le salut du corps, pour se comporter convenablement suivant son rang et ne pas gêner ceux avec qui l'on doit vivre. Lorsqu'on les a, il faut prier pour les conserver, et lorsqu'on ne les a pas, il faut prier pour les avoir". »

Autrement dit, les biens temporels sont donnés par Dieu en vue de notre fin spirituelle. L'homme est en droit de les demander pour subvenir à ses vrais besoins. Il peut le faire autant que ces biens facilitent sa dynamique spirituelle. Il ne doit pas le faire si ces biens l'en détournent. Ces biens sont de l'ordre des moyens et non de la fin :
« Du moment que nous demandons des biens temporels, non comme l'objet principal de nos désirs mais pour obtenir des biens plus élevés, nous demandons à Dieu de nous les accorder dans la mesure où ils sont utiles à notre salut. »

On ne reçoit pas toujours ce que l'on attend...

Dieu peut fort bien donner autre chose que l'objet de nos désirs, si cela sert notre cheminement. L'enfant fait des demandes à ses parents. Même si ces derniers ne lui donnent pas exactement ce qu'il demande, ils lui donneront tout ce qu'il lui faut (et qui est en leur pouvoir) pour qu'il s'épanouisse et soit heureux.

En introduisant sa prière pour gagner à la loterie, aux jeux permis, pour connaître les choses cachées (trésors, secrets), l'abbé Julio ne manque pas de nous mettre finement en garde :

« Il est évident qu'elle ne peut être infaillible, parce qu'alors il n'y aurait qu'à la faire bénir, et nul n'y manquerait, ce qui ferait que sur cinq cents personnes qui la réciteraient pour gagner le gros lot, par exemple, il ne pourrait y avoir cinq cents gagnants, mais un seul. Mais il y a cet avantage que si l'on n'est pas exaucé directement selon son désir, on l'est d'une autre façon quelquefois plus avantageuse et dans l'ordre de la Providence. Ceci bien clairement expliqué, afin qu'on ne nous accuse pas de vouloir tromper qui que ce soit, en donnant des illusions décevantes ou l'affirmation certaine d'un événement qui peut être tout autre. Nous sommes disposés à donner de l'espérance, à aider la chance par la prière, si la chose demandée entre dans les desseins de Dieu, dans l'ordre de notre salut et de notre bonheur, à fournir les prières sur parchemin que nous avons fait imprimer à l'avance, qui sont préparées selon certains rites par notre ami, savant occultiste et grand initié, que nous bénissons et consacrons ensuite. »

PRÉSENTATION DES SIX PRIÈRES

Les prières qui suivent respectent la présentation de l'abbé Julio.
Elles ont un point commun avec les pentacles : vous devez les écrire vous-même sur papier. Puis elles sont bénies selon le rite utilisé pour les pentacles (voir p. 50).

Choisissez la prière qui convient à votre situation

Choisissez celle des six prières qui paraît convenir à votre situation. Sur un papier vierge (qui n'a jamais été utilisé et qui ne comporte aucune instruction), écrivez la prière en latin. Dans la partie prévue à cet effet, ajoutez le prénom et le nom de la personne qui l'utilisera, ainsi que l'intention. Si vous le souhaitez, vous pouvez ajouter au dos la traduction française.

En soi, le latin n'a pas de vertu magique. Mais recopier la prière en une langue inconnue exige une attention de chaque instant. Cette attention, c'est elle qui est efficace.

Activez votre prière sur parchemin

Le rite de bénédiction est le même que celui utilisé pour les pentacles. Le mot « pentacle » est simplement remplacé par « papier ». Le rite commence par la bénédiction générale.

Bénédiction générale (extraite du Rituel Romain)

P ✠ [*Cette première croix est tracée sur soi*] Notre aide est dans le Nom du Seigneur,

R *Qui a créé le ciel et la terre.*

P Seigneur, exaucez ma prière,

R *Et que mon cri monte jusqu'à vous.*

P Que le Seigneur soit avec vous.

R *Et avec votre esprit.*

Prions : Dieu, à la lumière duquel sont sanctifiées toutes nos actions et nos moindres pensées, veuillez, nous vous en supplions, répandre ✠ votre bénédiction sur cette créature (ou ces créatures) de papier, et faites que N... (*nommez la ou les personnes pour lesquelles vous bénissez*) en usera (*ou* en useront) avec reconnaissance, conformément à votre volonté comme à votre loi, obtienne de vous, qui seul pouvez l'accorder dans votre bonté et par l'invocation de votre très saint Nom, la santé du corps, le salut de l'âme et tout ce que les nécessités de la vie lui (*ou* leur) font demander avec dévotion et foi. Par notre-Seigneur Jésus-Christ.

R *Ainsi soit-il.*

Il se poursuit avec la bénédiction particulière.

Bénédiction particulière aux prières sur parchemin

✝ Je te conjure, papier, par ces saintes lettres I. N. R. I. qui signifient : Jésus Nazaréen Roi des Juifs, titre triomphal de notre Sauveur et Seigneur Jésus-Christ, par tous les noms sacrés qui s'appliquent au Créateur de toutes les choses créées, au Nom de Celui qui a puissance de faire et de donner à toi, objet consacré, une vertu telle que tout ce qui se trouve écrit sur toi, ou sur toi représenté, et comblé de bénédictions, ait pour effet de conduire sûrement à la vie éternelle ; que de toi sorte toute tromperie et puissance diabolique et qu'en toi se trouve infusée toute la puissance que nous venons d'invoquer, et tout ceci sans plus tarder, au nom ✝ du Père ✝ et du Fils ✝ et du Saint-Esprit. Ainsi soit-il.

À la fin de chacune des deux bénédictions, aspergez le papier de quelques gouttes d'eau bénite. Vous la préparerez vous-même avec le procédé décrit en page xx.

Que faire de votre prière sur parchemin ?

Portez sur vous votre prière sur parchemin consacrée. Vous pouvez la mettre dans un petit sachet de toile, ou la rouler sur elle-même pour qu'elle n'occupe qu'un petit espace. Vous pouvez aussi la placer sous votre oreiller. Dans tous les cas, récitez la prière une fois par jour pendant neuf jours.

N'oubliez pas de tenir votre journal dans lequel vous noterez les signes qui se produiront. Quand vous jugerez que votre prière sur parchemin a accompli sa fonction, vous pouvez la détruire en la brûlant ou tout simplement l'archiver dans votre journal. Ne la jetez pas.

PRIÈRE SUR PARCHEMIN N°1

Pour gagner à la loterie, aux jeux permis, pour connaître les choses cachées (trésors, secrets)

Instructions

Après l'avoir récitée, dire trois *Pater* [Notre Père] et trois *Ave* [Je vous salue Marie] pour les âmes du Purgatoire.

Prière en latin : *Domine Jesu Christe*

✟ Domine Jesu Christe, qui dixisti : Ego sum Via, Veritas et Vita : Ecce enim veritatem dilexisti, incerta et occulta saptientiæ tuæ manifestasti : mihi adhuc manifesta quæ revelet in hac nocte, sicut ita revelatum fuit parvulis solis ; incognita et ventura atque alia me doceas, ut possim omnia cognoscere, si sit et ita sit : monstra mihi mortem ornatam, omni cibo bono pulchrum et gratum pomarium, aut quamdam rem gratam ; sin autem, ministra mihi ignem ardentem, aut fontem aquarum currentem, vel aliam quamcumque rem quæ Domino placeant ; et vel Angeli Ariel, Rubiel et Barachiel sitis mihi multum amatores et factores ad opus istud obtinendum (*dites votre demande*), quod ego N... (*écrivez nom et prénom*) cupio prævidere, cognoscere, scire, videre, habere et possidere, per illum Deum qui venturus est judicare vivos et mortuos, et sæculum per ignem. Amen.

Prière en français

✟ Seigneur Jésus-Christ, vous qui avez dit : Je suis la voie, la vérité et la vie ; et parce que vous aimez la vérité, vous avez daigné me manifester les choses inconnues dans votre sagesse ; veuillez en cette nuit me les révéler encore, comme vous savez les révéler aux seuls petits enfants, en m'instruisant des secrets inconnus et à venir, ainsi que de tout le reste, en sorte que je puisse tout connaître et savoir si telle chose est et comment elle est : faites que la mort me soit douce et embellie, que toutes choses dans la vie me soient comme un beau gracieux jardin rempli de bons fruits de toutes sortes, montrez-moi tout ce qui peut m'être agréable ; et si l'heure n'est pas venue, donnez à mon cœur l'ardeur du feu, ou la fraîcheur des sources d'eaux vives, ou toute autre grâce qu'il plaira au Seigneur ; enfin que les saints anges Ariel, Rubiel et Barachiel soient pleins d'amour pour moi et m'aident puissamment à atteindre ce but (*dites votre demande*), que moi N... (*écrivez nom et prénom*) je désire prévoir, connaître, savoir, voir, avoir et posséder : je le demande au nom de ce grand Dieu qui doit un jour venir juger vivants et morts, et par le feu qui purifiera le monde. Ainsi soit-il.

PRIÈRE SUR PARCHEMIN N°2

Pour un heureux mariage

Instructions

La personne doit faire une neuvaine et réciter cette prière une fois chaque jour de la neuvaine. Porter sur soi la prière pendant le jour et la mettre sous son oreiller pendant la nuit. Ensuite, au bout de quelque temps, on fait une deuxième neuvaine, puis une troisième dans les mêmes conditions.

On écrit son prénom et nom où il est indiqué, et aussi le nom du futur ou de la future, en ayant soin de rayer la ligne qui ne convient pas. Si on ne veut pas faire connaître le nom de la personne, on l'écrit soi-même ; et si l'on n'a en vue aucune personne déterminée, on se contente d'écrire son nom à soi-même.

Faire attention aux songes pendant trois vendredis de suite.

Prière en latin

✝ Kyrie clementissime, qui Abraham servo tuo, dedisti uxorem Saram, et filio ejus obedientissimo, per admirabile signum, indicasti Rebeccam uxorem : indica mihi (*écrire son prénom et nom*) servo tuo quam sim nupturus uxorem (*prénom et nom de la future*), ancillæ tuæ quem sim nuptura virum (*prénom et nom du futur*), per ministerium tuorum spirituum Michaël, Raphaël et Gabriel. Per Dominum nostrum Jesum Christum, qui vivit et regnat cum Deo Patre in unitate Spiritus Sancti, Deus, in sæcula sæculorum. Amen.

Prière en français

✝ Seigneur très clément, qui à votre serviteur Abraham avez donné Sara comme épouse, et qui, par un signe admirable, avez à son fils si soumis indiqué Rebecca comme épouse, veuillez aussi m'indiquer, à moi N... (*écrivez nom et prénom*), votre serviteur (*ou* servante) quelle est la personne que je dois épouser (*nommez la personne, si vous le savez*), et que cela s'accomplisse avec l'aide de vos saints anges Michel, Raphaël et Gabriel. Par notre Seigneur Jésus-Christ qui vit et règne avec Dieu le Père, en l'unité du Saint-Esprit, Dieu unique, dans tous les siècles des siècles. Ainsi soit-il.

PRIÈRE SUR PARCHEMIN N°3

Pour la réussite dans les affaires et pour la protection contre les ennemis visibles et invisibles

Instructions

Pas d'instruction pratique particulière autre que celles communes à toutes les prières sur parchemin. Sa dénomination « réussite dans les affaires et pour la protection contre les ennemis visibles et invisibles » renseigne sur sa fonction.

Prière en latin

✟ Elias ✟ Eloim ✟ Eloa ✟ Ya ✟ Eserchel ✟ Agla ✟ Sadaï ✟ Adonaï : Agios o Theos, Ischyros, Athanatos, eleison imas : Sanctus Deus, Fortis, Immortalis, adjuva me N... (*écrivez nom et prénom*), famulum tuum (*ou* famulam tuam) indignum (*ou* indignam). Ab omni periculo, a morte æterna animæ et corporis, ab insidiis inimicorum, visibilium seu invisibilium eripe me.
✟ Jehovah ✟ Sabaoth ✟ Emmanuel ✟ Soter ✟ Tetragrammaton ✟ Omouzios ✟ Eheye ✟ Alpha et Omega ✟ Via, Veritas et Vita, mihi famulo tuo N... (*écrivez nom et prénom*) (*ou* famulæ tuæ) salutaria sint altissima tua Nomina.
Dixisti : ✟ Hoc est Corpus meum ; dic ; Me amet ! et Amore tuo majus erit prodigium : Animæ conversio et salvatio : pessimas Potestates quæ contra me ruunt fortiter constringe.
In nomine ✟ Patris ✟ et Filii ✟ et Spiritus Sancti. Amen.

Prière en français

✟ Élie ✟ Eloïm ✟ Eloa ✟ Lion ✟ Ya ✟ Eserchel ✟ Agla ✟ Saday ✟ Adonaï, Agios o Theos, Ischyros, Athanatos, eleison imas : Seigneur grand Dieu, saint, puissant, immortel, secourez-moi, N... (*écrivez nom et prénom*), votre serviteur (*ou* servante), tout indigne que je sois. Délivrez-moi de tout danger, de la mort de l'âme et de celle du corps, et des embûches de mes ennemis, tant visibles qu'invisibles.
✟ Jéhovah ✟ Sabaoth ✟ Emmanuel ✟ Sother ✟ Tetragrammaton ✟ Omouzios ✟ Eheye ✟ Alpha et Omega ✟ Via, Veritas et Vita, que vos saints noms me soient profitables et salutaires à moi N... (*écrivez nom et prénom*), qui suis le serviteur (*ou* la servante) de Dieu.
Vous avez dit : ✟ Ceci est mon corps, dites aussi : Qu'il m'aime ! Et votre amour fera un miracle non moins grand : la conversion et le salut d'une âme, l'enchaînement des forces mauvaises déchaînées contre moi. Au nom ✟ du Père ✟ et du Fils ✟ et du Saint-Esprit. Ainsi soit-il.

PRIÈRE SUR PARCHEMIN N°4

Contre les vols et les voleurs

Instructions

Faites bénir et consacrer selon les rites cette prière, et posez-la avec les croix, bénies aussi et consacrées, où vous mettez votre argent, coffre-fort ou vieux bas de laine.

Prière en latin

✟ Imparibus meritis pendent tria corpora ramis : Dysmas et Gestas ✟ media est Divina Potestas ; Alta petit Dysmas, infelix infima Gestas : Non et res nostras conservet Summa Potestas ; Hoc versus dicas ne te furto tua perdas.

Prière en français

✟ Avec des mérites bien inégaux, sont suspendus aux croix trois corps : Ici Dysmas et là Gestas ✟ Au milieu d'eux la divine Puissance. Dysmas lève son cœur vers les hauteurs sublimes, le malheureux Gestas tombe au fond des abîmes. Daigne le souverain pouvoir nous conserver, nous et nos biens. Dites souvent ces beaux versets, et sur vos biens voleurs n'auront effet.

PRIÈRE SUR PARCHEMIN N°5

Contre toute maladie et contre tout mal

Instructions

En portant sur soi et en récitant pendant neuf jours cette prière, on peut utiliser la *Prière contre toute maladie* :

« Seigneur, celui que vous aimez est malade. J'ose vous demander que sa maladie ne soit point à la mort, mais qu'elle serve à votre gloire et à sa sanctification. Je crois que vous êtes le Christ, le Fils du Dieu vivant, qui êtes venu en ce monde. Je crois que vous êtes la résurrection et la vie, que celui qui croit en vous vivra, encore qu'il soit mort ; et que tous ceux qui vivent et qui croient en vous ne mourront jamais.

Je crois, Seigneur ; aidez, soutenez mon peu de foi. Vous avez guéri tant de malades, pendant le temps de votre vie mortelle, à la prière et à la considération de ceux qui vous les présentaient ! Je ne suis pas digne de me présenter devant vous, et je ne mérite pas que vous ayez égard à ma prière. Je sais que le pain des enfants ne doit point être jeté aux chiens ; mais les petits chiens mangent les miettes qui tombent de la table de leurs maîtres. Si vous voulez, vous pouvez le guérir ; dites une parole, il sera guéri. Faites servir cette maladie corporelle à la guérison de son âme et à notre instruction. Donnez-lui la patience, et à nous la charité. Exaucez-le au jour de son affliction, sauvez-le, et donnez-nous la joie de vous louer encore ici-bas avec lui dans votre saint temple et de vous bénir à jamais dans le ciel. Ainsi soit-il !

Mon Père, éloignez de moi ce calice : cependant que votre volonté soit faite et non la mienne.

Seigneur, ne me reprenez pas dans votre fureur, et ne me corrigez pas dans votre colère. Ayez pitié de moi, parce que je suis faible ; guérissez-moi, parce que mes os sont troublés.

Ce ne sont ni les médecins, ni les remèdes qu'on applique, qui donnent la guérison ; c'est votre parole toute puissante, ô Seigneur ; guérissez-moi et je serai sauvé.

Seigneur, je souffre une violente douleur ; rendez à ma prière une réponse favorable.

Je repasse devant vous toutes les années de ma vie dans l'amertume de mon cœur.

Je crains de mourir, parce que je ne suis point encore préparé.

Souvenez-vous de moi, Seigneur ; ne vous vengez pas de mes péchés, et ne vous souvenez pas de mes fautes.

Mon Dieu, je m'abandonne à votre miséricorde : usez-en à mon égard.

Jésus, fils de David, ayez pitié de moi : venez à moi avant que je meure.

À mon secours, Grand Dieu ! Car je péris sans toi ! Mais si je dois mourir ; ton Ciel, donne-le moi ! »

Prière en latin

✟ Per Christum, et cum Christo, et in Christo, tibi Deo Patri omnipotenti, et in unitate Spiritus Sancti, laus honor et gloria. Per omnia sæcula sæculorum. Amen.
Oremus. Præceptis salutaribus moniti, et divina institutione formati, audemus dicere : Pater noster, qui es in cœlis, etc.
Jesus ! potentia Patris, sapientia Filii, virtus Spiritus Sancti, sanet hoc vulnus, depellat malum istud... a me N... (*écrivez nom et prénom*). Amen.
Jesus ! Domine Jesu Christe, credo quod nocte Jovis in Cœna, postquam lavasti pedes tuorum, accepisti panem sanctissimis manibus tuis, et benedixisti, et fregisti, et dedisti tuis Apostolis, dicens ; Accipite et comedite : hoc est enim corpus meum ; similiter accepisti calicem in sanctissimas manus tuas et gratias egisti, et tradidisti illis, dicens ; Accipite et bibite, quia hic est meus sanguis novi testamenti, qui pro multis effundetur in remissionem peccatorum ; hæc quotiescumque feceretis, facite in meam commemorationem. Obsecro te, mi Domine Jesu Christe, ut per hæc sanctissima verba et per virtutem illorum, et per meritum sanctissimæ Passionis tuæ sanetur hoc vulnus et malum istud. Amen.
Jesus ! In nomine ✟ Patris ✟ et Filii ✟ et Spiritus Sancti. Amen.

Prière en français

✟ Par le Christ, avec le Christ et dans le Christ, à vous, Père tout-puissant, dans l'unité du Saint-Esprit, louange, honneur et gloire dans tous les siècles des siècles. Ainsi soit-il.
Prions. Avertis par vos salutaires préceptes, formés à votre divine école, nous osons dire : Notre Père qui êtes aux cieux, que votre nom soit sanctifié ; que votre Règne arrive ; que votre volonté soit faite sur la terre comme au ciel ; donnez-nous aujourd'hui notre pain quotidien ; et pardonnez-nous nos offenses ; ne nous laissez pas succomber à la tentation ; mais délivrez-nous du mal.
Ô Jésus ! Que la puissance du Père, que la sagesse du Fils, que la vertu du Saint-Esprit guérissent cette maladie, chassent ce mal (*nommez la maladie ou le mal*) loin de moi N... (*écrivez nom et prénom*).
Ô Jésus ! Notre Seigneur Jésus-Christ, je crois que dans la nuit du Jeudi saint, à la sainte cène, après avoir lavé les pieds de vos disciples, vous avez pris du pain dans vos mains très saintes, l'avez béni, rompu, puis distribué à vos apôtres, en disant : Prenez et mangez, car ceci est mon corps ; de même, vous avez pris le calice dans vos mains très saintes, avez rendu grâces et le leur avez donné en disant : Prenez et buvez, car ceci est mon sang de la Nouvelle Alliance, qui pour beaucoup sera répandu en vue de la rémission des péchés : chaque fois que vous ferez de même, faites-le en mémoire de moi. Je vous supplie, mon Seigneur Jésus-Christ, que par ces paroles très saintes, par leur vertu et par les mérites de votre très sainte passion, que soit guéri promptement ce mal, cette maladie (*nommez-la*). Ô Jésus ! Au nom ✟ du Père ✟ et du Fils ✟ et du Saint-Esprit. Ainsi soit-il.

PRIÈRE SUR PARCHEMIN N°6

Pour délivrer des idées noires, des troubles, des tentations mauvaises, de l'obsession, de la possession et de tout tourment ou piège des esprits mauvais

Instructions

Pas d'instruction pratique particulière autre que celles communes à toutes les prières sur parchemin. Sa dénomination « pour délivrer des idées noires, des troubles, des tentations mauvaises, de l'obsession, de la possession et de tout tourment ou piège des esprits mauvais » renseigne sur sa fonction.

Prière en latin

✠ In nomine ✠ Patris ✠ et Filii ✠ et Spiritus Sancti. Amen. ✠ Hel ✠ Heloym ✠ Soter ✠ Emmanuel ✠ Sabbaoth ✠ Agla ✠ Tetragrammaton ✠ Agios ✠ O Theos ✠ Ischyros ✠ Athanatos ✠ Jehovah ✠ Ya ✠ Adonaï ✠ Sadaï ✠ Omousios ✠ Messias ✠ Eserchel ✠ Increatus Pater ✠ Increatus Filius ✠ Increatus Spiritus Sanctus ✠ Jesus ✠ Christus vincit ✠ Christus regnat ✠ Christus imperat.

✠ Si Diabolus ligavit vel tentativis te N... (*écrivez nom et prénom*), suo effato vel per sua opera. Christus Filius Dei Vivi per suam misericordiam liberet te ab omnibus spiritibus immundis, qui venit de Cœlo et incarnatus est in utero. Beatissimæ Virginis Mariæ causa humanæ salutis, et ejiciendi diabolum et omnem malignum a te in profundum inferni et abyssi.

✠ Ecce crucem Domini ; ✠ figute, partes adversæ, † vicit leo de tribu Juda, radix David. Alleluia !

Prière en français

Au nom ✠ du Père ✠ et du Fils ✠ et du Saint-Esprit. Ainsi soit-il. ✠ Hel ✠ Heloym ✠ Sother ✠ Emmanuel ✠ Sabbaoth ✠ Agla ✠ Tetragrammaton ✠ Agios ✠ O Theos ✠ Ischyros ✠ Athanatos ✠ Jéhovah ✠ Ya ✠ Adonay ✠ Saday ✠ Homouzios ✠ Messias ✠ Esereheye ✠ Incréé est le Père ✠ Incréé est le Fils ✠ Incréé est le Saint-Esprit ✠ Jésus ✠ le Christ est vainqueur ✠ le Christ règne ✠ le Christ commande. ✠

Si par ses suggestions ou par œuvres quelconques le Démon vous a lié ou tenté de vous lier, vous N... (*nommez ou écrivez les noms de la personne*), que par sa miséricorde vous délivre de tout esprit immonde Jésus-Christ, Fils du Dieu vivant, qui est descendu du ciel et s'est incarné dans le sein de la bienheureuse Vierge Marie, pour sauver le genre humain et rejeter loin de vous le Démon et tout esprit mauvais jusqu'au plus profond des abîmes inférieurs. ✠ Voici la croix du Seigneur ✠ fuyez, puissances ennemies, ✠ il est vainqueur le lion de la tribu de Juda, issu de la race de David. Alléluia !

LES SEPT ORAISONS MYSTÉRIEUSES

Dans les *Applications* du pentacle 19, L'archange Gabriel (p. 138), l'abbé Julio indique que, pour augmenter son efficacité, on peut prononcer l'une des sept oraisons mystérieuses, en fonction du jour de la semaine.

LE DIMANCHE

✝ Délivrez-moi, Seigneur, moi N..., votre créature, de tous les maux passés, présents et futurs, tant de l'âme que du corps ; donnez-moi, par votre bonté la paix et la santé, et me soyez propice. Je vous en prie par l'intercession de la bienheureuse Vierge Marie, de vos saints apôtres Pierre, Paul, André, et de tous les saints. Accordez-moi la paix et la santé pendant ma vie, afin que par le secours de votre miséricorde je ne devienne jamais esclave du péché, ni ne craigne jamais aucun trouble. Je vous en conjure par Jésus-Christ, votre fils, notre Seigneur, qui étant Dieu, vit et règne en l'unité du Saint-Esprit dans tous les siècles des siècles. Ainsi soit-il.

Que la paix du Seigneur soit toujours avec moi. Ainsi soit-il.

Que cette paix céleste, Seigneur, que vous avez laissée à vos disciples, demeure toujours entre moi et mes ennemis, tant visibles qu'invisibles. Ainsi soit-il.

Que la paix du Seigneur, que son âme et son sang m'aident, me consolent et me protègent dans mon âme et dans mon corps. Ainsi soit-il.

✝ Agneau de Dieu, qui avez daigné naître de la Vierge Marie, ayez pitié de mon âme et de mon corps.

✝ Agneau de Dieu, immolé pour le salut du monde, ayez pitié de mon âme et de mon corps.

✝ Agneau de dieu, par lequel tous les fidèles sont sauvés, donnez-moi votre paix, et qu'elle me reste toujours, tant en cette vie que dans l'autre. Ainsi soit-il.

LE LUNDI

✝ Ô grand Dieu, par lequel toutes choses ont été délivrées, délivrez-moi aussi de tout mal. Ô grand Dieu, qui avez accordé votre consolation à tous les êtres, consolez-moi dans mes afflictions. Ô grand Dieu, qui avez secouru et assisté toutes choses, aidez-moi et me secourez dans toutes mes nécessités, mes misères, mes entreprises et mes dangers ; délivrez-moi de toutes les oppositions et embûches de mes ennemis, tant visibles qu'invisibles, ✝ au nom du Père qui a créé le monde, ✝ au nom du Fils qui l'a racheté, ✝ au nom du Saint-Esprit qui a accompli la loi dans toute sa perfection ; je me jette entre vos bras et me mets entièrement sous votre protection.

✝ Que la bénédiction de Dieu, le Père tout-puissant, qui de sa seule parole a créé toutes choses, soit toujours avec moi. Ainsi soit-il.

✝ Que la bénédiction de notre Seigneur Jésus-Christ, Fils du grand Dieu vivant, soit toujours avec moi. Ainsi soit-il.

✝ Que la bénédiction du Saint-Esprit avec ses sept dons, soit toujours avec moi. Ainsi soit-il !

✝ Que la bénédiction de la Vierge Marie, avec celle de son divin fils, soit toujours avec moi N..., leur serviteur. Ainsi soit-il.

LE MARDI

✝ Que la bénédiction que notre Seigneur Jésus-Christ a faite, lorsqu'il consacra le pain et le donna à ses disciples, en leur disant : Prenez, et mangez-en tous, car ceci est mon corps qui sera livré pour la rémission de tous les péchés, soit toujours avec moi N..., pauvre pécheur. Ainsi soit-il.

✝ Que la bénédiction des saints, anges, archanges, vertus, puissances, trônes, dominations, principautés, chérubins et séraphins soit toujours avec moi. Ainsi soit-il.

✝ Que la bénédiction des patriarches, prophètes, apôtres, martyrs, confesseurs et de tous les saints de Dieu soit toujours avec moi. Ainsi soit-il.

Que la bénédiction de tous les cieux de Dieu soit toujours avec moi.

Que la majesté de Dieu tout-puissant me soutienne et me protège ; que sa bonté éternelle me conduise ; que sa charité sans borne m'enflamme.

Que la puissance du Père me conserve ; que la sagesse du Fils me vivifie ; que la vertu du Saint-Esprit soit toujours entre moi et mes ennemis, tant visibles qu'invisibles. Ainsi soit-il.

✝ Puissance du Père, fortifiez-moi ; sagesse du Fils, éclairez-moi ; consolation du Saint-Esprit, consolez-moi.

Le Père est la paix, le Fils est la vie, le Saint-Esprit est le remède, la consolation et le salut. Que la divinité de Dieu me bénisse, que sa piété m'échauffe, que son amour m'embrase d'amour. Ainsi soit-il.

LE MERCREDI

✞ Ô Jésus-Christ, fils du grand Dieu vivant, ayez pitié de moi.
Ô Emmanuel ! Défendez-moi contre l'ennemi malin et contre tous mes ennemis, tant visibles qu'invisibles, et me délivrez de tout mal.
Dieu fait homme, qui avez souffert patiemment pour nous, Jésus-Christ roi, venez en paix.
✞ Jésus-Christ commande, ✞ Jésus-Christ règne, ✞ Jésus-Christ triomphe.
Que Jésus-Christ, roi débonnaire, soit toujours entre moi et mes ennemis pour me défendre. Ainsi soit-il.
Que Jésus-Christ daigne me faire la grâce de triompher de tous mes adversaires. Ainsi soit-il.
Que Jésus-Christ me délivre continuellement de tous mes maux. Ainsi soit-il.
✞ Voici la croix de notre Seigneur Jésus-Christ ! Fuyez donc, mes ennemis, à sa vue.
Le lion de la tribu de Juda, race de David, a triomphé. Alléluia ! Alléluia ! Alléluia !
Sauveur du monde, secourez-moi et me sauvez, vous qui m'avez racheté par votre croix et votre précieux sang ; secourez-moi, je vous en conjure, ô mon Dieu, ✞ Agios o Theos, ✞ Agios Ischyros, ✞ Agios Athanatos, elleison imas : Dieu saint, Dieu fort, Dieu immortel, ayez pitié de moi N..., votre créature. Soyez mon soutien, Seigneur, ne m'abandonnez pas, ne rejetez pas mes prières. Dieu de mon salut, soyez toujours mon aide. Ainsi soit-il.

LE JEUDI

✞ Seigneur, éclairez mes yeux d'une véritable lumière, afin qu'ils ne soient point fermés d'un sommeil éternel, de peur que mon ennemi n'ait lieu de dire qu'il a avantage sur moi.
Tant que le Seigneur sera avec moi, je ne craindrai point la malignité de mes ennemis.
Ô très doux Jésus ! ✞ conservez-moi, ✞ aidez-moi, ✞ sauvez-moi. Ainsi soit-il.
Qu'à la seule citation du nom de Jésus, tout genou fléchisse, au ciel, sur la terre, et dans les enfers !
Je sais, à n'en pouvoir douter, qu'aussitôt que j'invoquerai le Seigneur, en quelque jour et heure que ce soit, je serai sauvé.

✝ Très doux Seigneur Jésus-Christ, qui avez fait de si grands miracles par la seule force de votre très précieux nom, et qui avez enrichi si abondamment les indigents, puisque par cette force, les démons fuyaient, les aveugles voyaient, les sourds entendaient, les boiteux marchaient droit, les muets parlaient, les lépreux étaient purifiés, les infirmes guéris, les morts ressuscités ; car aussitôt seulement que l'on prononce ce très doux nom de Jésus, l'oreille est charmée et ravie, et la bouche remplie de ce qu'il y a de plus suave ; à cette seule prononciation les démons disparaissent ; tout genou fléchit ; les tentations, même les plus mauvaises, sont déracinées ; toutes les infirmités guéries ; toutes les disputes et combats, qui sont entre le monde, la chair et le diable, sont dissipés ; et le cœur est rempli de tous les biens célestes ; parce que quiconque a invoqué, invoque et invoquera ce saint nom de Jésus, a été, est et sera toujours sauvé : moi aussi, je vous invoque et crie avec vous : ✝ Jésus, fils de David, ayez pitié de moi N... votre serviteur. Ainsi soit-il.

LE VENDREDI

✝ Ô doux nom de Jésus, nom fortifiant le cœur de l'homme ; nom de vie, de salut et de joie ; nom précieux, glorieux et agréable ; nom fortifiant le pécheur ; nom qui sauve, conduit, gouverne et conserve tout : qu'il vous plaise donc, très doux Jésus, par la force de ce même nom, d'éloigner de moi N..., votre humble serviteur, tout esprit mauvais : éclairez-moi, qui suis aveugle ; dissipez ma surdité, à moi qui suis sourd ; redressez-moi, qui suis boiteux ; rendez-moi la parole, à moi qui suis muet ; guérissez ma lèpre, à moi qui suis pécheur ; redonnez-moi la santé, à moi qui suis malade ; et me ressuscitez, moi qui suis mort ; rendez-moi la vie et m'environnez de toutes parts, tant au-dedans qu'au dehors, afin qu'étant muni et fortifié de ce saint nom, je vive toujours dans vous, en vous louant, en vous honorant, parce que toute louange vous est due, parce que vous êtes le seul digne de gloire.
Le Seigneur est le fils éternel de Dieu ; par lui toutes choses sont dans la joie et sont gouvernés avec justice.
✝ Que Jésus soit toujours dans mon cœur et dans mes entrailles.
✝ Que Jésus soit toujours au-dedans de moi, afin qu'il me vivifie ; qu'il soit autour de moi, afin qu'il me conserve ; qu'il soit devant moi, afin qu'il me conduise ; qu'il soit derrière moi, afin qu'il me garde ; qu'il soit auprès de moi, afin qu'il me gouverne ; qu'il soit au-dessus de moi, afin qu'il me bénisse ; qu'il soit au-dessous de moi, afin qu'il me fortifie ; qu'il soit toujours avec moi, afin qu'il me délivre de toutes peines et de la mort éternelle !
✝ Louange, honneur et gloire soient rendus à Jésus dans tous les siècles des siècles. Ainsi soit-il.

LE SAMEDI

✝ Jésus, fils de Marie, salut du monde, soyez-moi favorable, doux et propice ; accordez-moi un esprit saint et volontaire, afin que je vous rende l'honneur et le respect qui vous sont dus, à vous qui êtes le libérateur du monde, qui avez été, êtes et serez toujours Dieu et homme, commencement et fin.
Jésus de Nazareth, roi des Juifs, fils de la Vierge Marie, ayez pitié de moi N..., pauvre pécheur ; conduisez-moi selon votre douceur dans la voie du salut éternel. Ainsi soit-il.
« Or, Jésus passant, allait au milieu d'eux, et personne ne mit sur lui sa main meurtrière, parce que son heure n'était pas encore venue... Or, Jésus, sachant les choses qui lui devaient arriver, s'avança, et leur dit : "Qui cherchez-vous ?" Ils lui répondirent : "Jésus de Nazareth". Or Judas, qui devait le livrer, était avec eux. Aussitôt qu'il leur eut dit que c'était lui, ils tombèrent à la renverse par terre. Or, Jésus leur demanda derechef : "Qui cherchez-vous ?" Ils lui dirent encore : "Jésus de Nazareth". Jésus leur répondit : "Je vous ai déjà dit que c'était moi que vous cherchez, laissez allez ceux-ci [parlant de ses disciples]. La lance, les clous, les épines, la croix, la mort que j'ai soufferte, prouvent que j'ai effacé et expié les crimes des misérables. »
Préservez-moi, Seigneur Jésus-Christ, de toutes les plaies de la pauvreté et des embûches de mes ennemis.
Que les cinq plaies de notre Seigneur me servent continuellement de remède.
Jésus est la voie, Jésus est la vérité, Jésus est la vie.
✝ Jésus, qui avez souffert, ✝ Jésus, qui avez été crucifié, ✝ Jésus, qui êtes ressuscité, ayez pitié de moi.
Que ces prières que je vous ai faites, ô Jésus, me garantissent éternellement contre mes ennemis, contre tout mal et tout danger. Ainsi soit-il.

[Le passage entre guillemets, extrait de l'Évangile de Jean 18, correctement traduit par André Chouraqui, recèle dans les versets 4 à 6 une clé fondamentale de tout ésotérisme chrétien. Voici cette traduction : « Iéshoua, donc, sait tout ce qui va lui arriver. Il sort et leur dit : "Qui cherchez-vous ?" Ils lui répondent : "Iéshoua le Nazaréen." Il leur dit : "Moi, je suis." Iehouda aussi, celui qui le livre, se tient près d'eux. Donc, quand il leur dit : "Moi, je suis", ils vont en arrière et tombent à terre. »]

ANNEXES

PRÉSENTATION DES AUTEURS

DENIS LABOURÉ

Denis Labouré est bien connu pour sa restauration d'une astrologie (réellement) traditionnelle, qu'il s'agisse d'astrologie occidentale (particulièrement horaire) ou orientale (« védique »). Ses ouvrages constituent l'essentiel de ce que l'on peut lire, en langue française, sur l'astrologie traditionnelle et sa dimension spirituelle.

Il a commenté et mis à la disposition des astrologues de nombreux textes classiques qui ont transformé leur pratique. Pendant près de quarante années de consultation, ces (re) découvertes ont été confrontées au réel. Au cours de chaque séminaire qu'il anime, son analyse en aveugle des thèmes apportés par les participants démontre la précision des techniques enseignées.

Si le monde est ordonné et si le ciel est porteur d'un sens, cela implique une dimension spirituelle. Le message des astres vient de quelque part ! Parallèlement à son travail astrologique, Denis Labouré a parcouru le cursus des principaux courants initiatiques. Titulaire de plusieurs diplômes en matière religieuse (Master 2 de théologie, Licence canonique en sciences religieuses), il est particulièrement qualifié pour transmettre les procédés méconnus de notre tradition.

Il assure des formations en astrologie et en ésotérisme chrétien. Ces formations sont constituées de livres, de cours en ligne, de séminaires en présentiel. En astrologie, en plus de ses livres, cours et séminaires, son école (Institut d'Astrologie Traditionnelle) s'appuie sur une plateforme de formations certifiantes, d'une revue de recherche (*La Recherche Astrologique*) et de forums techniques.

Avec Marc Neu, il cogère les *Éditions Spiritualité Occidentale* en s'occupant principalement des rubriques « Astrologie » et « Ésotérisme chrétien ».

Denis Labouré est disponible pour des conférences et participe régulièrement à des colloques.

www.spiritualité occidentale.com

(Rubriques « Cours en direct », « Cours en ligne », « Séminaires sur place », « Formations certifiantes »)

MARC NEU

Marc Neu est un homme de terrain. En 2021, il fête ses trente années d'études hermétiques. Depuis plus de douze ans, il se confronte quotidiennement à une clientèle à laquelle il propose ses services.

Ce praticien expérimenté ne se contente pas de répéter des théories. Loin d'auteurs en vogue qui passent plus de temps sur les réseaux sociaux que dans leur laboratoire et leur oratoire, il pratique et il fabrique. Il n'invente rien, il revient aux sources.

Il sert les sciences hermétiques par ses écrits, ses interventions (stages, formations, conférences), et par son savoir-faire d'artiste et d'artisan.

Conformément à une ancienne tradition, les sciences hermétiques sont au nombre de trois. Chacune ne va pas sans les deux autres. Elles forment un seul corps. Les étudier conjointement, c'est aborder, percevoir le monde comme les maîtres passés qui nous transmirent leur savoir :

- L'astrologie propose un modèle du monde et de l'homme. Elle permet de choisir le meilleur moment pour réaliser chaque opération.
- L'alchimie, l'art des transformations, ramène un matériau à sa nature la plus pure pour l'intégrer dans l'œuvre.
- La magie enseigne à capter les énergies pour les inclure dans un support.

Parce qu'ils respectent les règles ancestrales, les objets créés par Marc Neu prennent vie. Leur qualité « vibratoire » en fait une aide précieuse pour chaque praticien de l'hermétisme.

Marc se concentre aujourd'hui sur l'écriture et la transmission. Il dépoussière les idées reçues et rend les trois sciences hermétiques accessibles à un large public.

Marc Neu est disponible pour des conférences ou des formations en présentiel ou en ligne.

Avec Denis Labouré, il cogère les *Éditions Spiritualité Occidentale* en s'occupant principalement des rubriques « Bien-être » et « Magie et divination ».

www.cielether.com
Instagram : cielether_marc_neu

LES FORMATIONS CERTIFIANTES EN LIGNE AVEC DENIS LABOURÉ

Ces formations puisent dans les meilleurs textes des vingt derniers siècles. De l'Égypte antique à l'Europe chrétienne, de la Mésopotamie à la civilisation arabe, l'Europe latine hérita d'enseignements constamment affinés par l'expérience. Patiemment, nous avons repris les textes anciens, nous les avons traduits, commentés, mis à jour, enseignés.

Ces techniques ont été validées lors des multiples séminaires composés d'études en aveugle avec des étudiants avancés.

Astrologie occidentale
Les bases fondamentales
Interpréter un thème
La pratique des révolutions solaires

Astrologie indienne
Interprétation du thème natal indien
Astrologie horaire indienne

Les formations en DVD
Guérir par l'esprit
Pratiquer la guérison divine
Découvrir l'ésotérisme chrétien
Lecture ésotérique des écritures
Lecture ésotérique du Notre Père
Lecture ésotérique de la Liturgie
Lecture ésotérique de l'évangile de saint Jean
Les états posthumes dans l'ésotérisme chrétien
Les mystères d'Égypte
Magie angélique
Magie astrologique

www.spiritualite-occidentale.com

DU MÊME AUTEUR

Ésotérisme

Cours pratique d'alchimie

Cagliostro (Les arcanes du Rite Égyptien)

Je guéris, manuel de guérison spirituelle, Ames Nowell, traduit et commenté par Denis Labouré

Les Pratiques de l'abbé Julio

Technique du traitement spirituel, finances et profession, en collaboration avec Frederick L. Rawson

Les Quatre Tempéraments – Visages de l'énergie vitale

Astrologie

Astrologie facile – Les bases fondamentales

Astrologie facile 2 – Interprétez (enfin) votre thème !

Révolutions solaires pour astrologues efficaces

Les Douze Lieux de la fortune – Les maisons et leurs secrets

Révolutions solaires, texte de Junctin de Florence, traduit par Pepita Sanchis Llacer et commenté par Denis Labouré

Du domicile au décan – Les astres et leurs territoires

Lire un thème avec Morin de Villefranche

Cours pratique d'astrologie horaire

Clé de l'astrologue efficace – Technique de l'interprétation

Prédire par les figures planétaires, texte de Richard Svehla commenté par Denis Labouré

BIBLIOGRAPHIE

Sauf indication contraire, les citations bibliques sont extraites de la *Traduction Œcuménique de la Bible* (T.O.B.).

MOOMSEN Theodor, *Droit Pénal*, Duquesne, Paris, 1907.

BASLEZ Marie-Françoise, *Saint Paul*, Éditions Pluriel, Paris, 2012.

AMÉLINEAU Émile, Le Christianisme chez les anciens Coptes. *Revue d'Histoire des Religions*, XIV, 1886.

Le Livre des Psaumes, traduit et commenté par Jean Calès, Beauchesne, Paris, 1936.

AMÉLINEAU Émile, *Histoire des monastères de la Basse Égypte*, Paris, 1895.

AMMIEN MARCELLIN, *Dictionnaire d'archéologie chrétienne et de liturgie – Saint Athanase et la magie*. CUF-Collection des Universités de France.

LABOURÉ Denis, *Contactez votre ange gardien !* Le Mercure Dauphinois, Grenoble, 2011.

AMADOU Robert, *De la Sainte Science*, Occulture, 1999.

Les Pères apostoliques, texte intégral « Le Pasteur » VI, 36-37, Le Cerf, Paris, 2001.

CHOURAQUI André, *La Bible, traduction.* Éditions Desclée De Brouwer, 2007.

AGRIPPA Cornelius, *Sur la philosophie occulte.*

DANIÉLOU Jean, *Théologie du judéo-christianisme*, Éditions Desclée/Le Cerf, Paris,1958.

MACMULLEN Ramsay, *Christianizing the Roman Empire, A. D. 100-400*, New Haven, Yale University Press, 1984.

GIBBON Edward, *The decline and fall of the Roman Empire*, New York, Harcourt, Brace, 1960.

LELOUP Jean-Yves, *Praxis et gnosis d'Évagre le Pontique*, Albin Michel, Paris, 1992.

GUÉNON René, *Le Symbolisme de la croix*, Guy Trédaniel Véga, Paris, 1984.

VULLIAUD Paul, *La Kabbale juive, histoire et doctrine*, t. I, Éditions d'Aujourd'hui, 1976.

LABOURÉ Denis, *Le Christianisme secret*, Le Mercure Dauphinois, Grenoble, 2009.

CREDITS PHOTOGRAPHIQUES

P12-13-15-17-22-25-34 iStock • P60 Gift of George Blumenthal, 1941/MET New-York • p61 (haut) The Cloisters Collection, 1932/MET New-York - (bas) : iStock • p62 Marc Neu • p64 DR • p65 Prêt de la Royal Antiquarian Society/Rijksmuseum • p68 (haut) iStock - (bas) The Lillian Stokes Gillespie Collection, Bequest of Lillian Stokes Gillespie, 1915/MET New-York • p71-72 iStok • p75 Harris Brisbane Dick Fund, 1953/MET New-York • p76 iStock • p79 Purchase, Anonymous Gift, 1969/MET New-York • p80 iStock • p81 (haut) iStock - (bas) Purchase, Rogers Fund, and Mr. and Mrs. Maxime L. Hermanos and Anonymous Gifts, 1984/MET New-York • p84 LACMA • p85 (haut) Musée Santa Cruz de Tolède - (bas) Rijksmuseum • p90 (haut) National Gallery of Denmark / SMK - (bas) Rogers Fund, 1927/MET New-York • p93-94 iStock • p95 The Cloisters Collection, 1969/MET New-York • p97 iStock • p98 Library of Congress Prints and Photographs Division Washington, D.C. 20540 USA • p99-100 iStock • p101 DR • p103-104 iStock • p105 Gift of Loretta Hines Howard, 1964/MET New-York • p107 Gift of H.P. Kraus, 1981/MET New-York • p108 Rijksmuseum • p109 (haut) Harris Brisbane Dick Fund, 1937/MET New-York - (bas) Gift of Mrs. Russell C. Veit, in memory of her father, Maurice Bompard, 1950/MET New-York • p111 iStock • p112 (haut) The Cloisters Collection, 1980/MET New-York - (bas) Don de J. Pierpont Morgan, 1917 (17.190.426—.429) ; achat, don de Michel David-Weill et 2006 Benefit Fund, 2007/MET New-York • p113 Harris Brisbane Dick Fund, 1951/MET New-York • p115 Rijksmuseum • p116 (haut) iStock - (bas) Gift of J. Pierpont Morgan, 1917/MET New-York • p117 Don de J. Pierpont Morgan, 1917 (17.190.426—.429) ; achat, don de Michel David-Weill et 2006 Benefit Fund, 2007/MET New-York • p119-120-121-124-125-128 iStock • p131 Giovanni Destefanis/Wikipedia • p132 Wikipedia • p135 Purchase, Gifts of J. Pierpont Morgan, George Blumenthal, and Messrs. Duveen Brothers, by exchange; Bequests of George Blumenthal and Anne D. Thompson, The Collection of Michael Dreicer, Bequest of Michael Dreicer, and Theodore M. Davis Collection, Bequest of Theodore M. Davis, by exchange; Rogers Fund and Mr. and Mrs. Maxime L. Hermanos Gift, 1983/MET New-York • p136 (haut) iStock - (bas) Rijksmuseum • p137 Harris Brisbane Dick Fund, 1960/MET New-York • p139 The Cloisters Collection, 1967/MET New-York • p140 Robert Lehman Collection, 1975/MET New-York • p141 iStok • p143 CCo Paris Musées / Musée Carnavalet • p144 (haut) Library of Congress Prints and Photographs Division Washington, D.C. 20540 USA - (bas) iStock • p145 Birmingham Museums Trust • p146 Library of Congress Prints and Photographs Division Washington, D.C. 20540 USA • p147 (haut) Library of Congress Prints and Photographs Division Washington, D.C. 20540 USA - (bas) Rijksmuseum • p150 (haut) Gift of J. Pierpont Morgan, 1917/MET New York - (bas) iStock • p151 Gift of J. Pierpont Morgan, 1917/MET New York • p155 Wikipedia • p157-158-159-161-162 iStock • p166 Phillip Medhurst/Wikimedia • p167 Rijksmuseum • p169 CCo Paris Musées / Maisons de Victor Hugo Paris-Guernesey • p170-174 iStock • p177 The Cloisters Collection, 2009/MET New York • p178 iStock • p179 Rijksmuseum • p181 Google Art Project • p185-186-187-190-191-194 iStock • p195 The Cloisters Collection, 1936/MET New York • p198-199 iStock • p200 Purchase, Mary Wetmore Shively Bequest, in memory of her husband, Henry L. Shively, M.D., 1958/MET New York • p201 CCo Paris Musées / Musée des Beaux-Arts de la Ville de Paris, Petit Palais • p203 Gift of Henry G. Marquand, 1883/MET New York • p204 (haut) Library of Congress Prints and Photographs Division Washington, D.C. 20540 USA - (bas) Rogers Fund, 1936/MET New York • p207 iStock • p208 (haut) iStock - (bas) Gift of John Crosby Brown Moore, 1985/MET New York • p209-213 iStock • p215 Library of Congress Prints and Photographs Division Washington, D.C. 20540 USA • p216-217 iStock • p219 Robert Lehman Collection, 1975/MET New York • p220-221 iStock • p224 Josse/Leemage • p225 (faut) Rijksmuseum - (bas) iStock • p228 (haut) Library of Congress Prints and Photographs Division Washington, D.C. 20540 USA - (bas) Rijksmuseum • p229 (haut) Gift of Lila and Herman Shickman, 2005/MET New York - (bas) The Friedsam Collection, Bequest of Michael Friedsam, 1931/MET New York • p231 Rijksmuseum • p232 (gauche) iStock - (droite) The Friedsam Collection, Bequest of Michael Friedsam, 1931/MET New York • p233-235 iStock • p236 Rijksmuseum • p237 Wikipedia • p240 (haut) Rijksmuseum - (bas) iStock • p241 iStock • p244 (haut) iStock - (bas) Gift of Joseph W. Drexel, 1889/MET New York • p245-247 iStock • p248 CCo Paris Musées / Musée des Beaux-Arts de la Ville de Paris, Petit Palais • p251-252 iStock • p253 (haut) Gift of Coudert Brothers, 1888/MET New York - (bas) iStock •